蔣馨/著

會讚美自己，才會成功

現在是喜悅的時候。作家歌德說：
理論是灰色，但樹木永遠青翠。

在多重宇宙下，月光穿透千年
歌詠眞愛純潔的詩篇。

讚美自己：積極向上，認眞生活
化剎那爲永恆。

你是被愛的，有人爲你禱告。

每天讚美自己：
我是天才，將創造奇蹟。

讚美自己會跳舞

讚美珍珠發光的企業家—呂華苑
以我的畫祝福華苑姊：健康長壽，照亮世界。

美麗人生，永續傳承

呂華苑

大東山珠寶 董事長；臺灣永續觀光旅遊協會／澎湖縣產業創生經濟發展協會／澎湖縣國際崇她社／澎湖縣澎東友善商圈促進會創會理事長；台灣優良設計協會榮譽理事長；台灣精品品牌協會榮譽顧問；中華民國紅十字會總會 理事

著作：《澎湖女兒的珍珠人生》

《會讚美自己，才會成功》本書的作者：蔣馨姐妹，是我們「大東山文創基地，樂活人文之家」草創期間所開辦「王建民老師蠟筆畫」課程的同學，她都尊稱我爲「班長」！眞巧，我們的英文名字都叫：「Victoria」。每一堂課程中，如果有她在，總是帶來許多歡笑；因爲她總是面帶笑容，充滿熱情，讚美自己和同學們和老師賢伉儷！

當她告訴我，她已經出版第一本書《孩子，你的未來能飛翔》，想要在我們文創基地，辦首場新書發表會。身爲班長，我責無旁貸，馬上答應了。並且在之前透過我們團隊的自媒體：我以大東山珠寶 呂華苑 珍珠夫人的身分專訪：蔣馨於大東山珠寶「珍珠夫人會客室」第41集，111年09月22日14:30-15:30，訪談的主題：孩子，你的未來能飛翔。

我請教她爲什麼在網路時代，還要寫書出書？透過《孩子，你的未來能飛翔》《我照亮世界——42位發光人物》及《會讚

美自己，才會成功》在這三本書，她想傳達什麼？誰是她生命中最具影響的人？她人生的座右銘，由親情，友情，愛情切入，請教信仰對她的重要性。

蔣馨很喜歡寫作，這三本書均是自費出版，希望三本書出版後大賣，讓一流出版社看見蔣馨的寫作才華，將蔣馨正能量的書推廣到全世界。寫勵志文章是她的核心價值，藉著文字散播正能量在台灣，華人與全世界。

2022年10月1日（週六）下午3點－5點，新書發表會冠蓋雲集，她說：「太棒了！謝謝班長，眞好的場地。」只見到當天她所有的親朋好友、教會姐妹弟兄們、牧師師母、同學們都來了，大家都以她爲榮。當天，我們大家都雨露均霑，大家都好高興，今天，受她之邀，我願爲她第三本書《會讚美自己，才會成功》略表我的歡欣，也感謝她帶來的愛、喜悅和平安！

看見正能量

楊淑娟

中國文化大學文學博士

中原大學兼任助理教授

文字工作者

《會讚美自己，才會成功》是一本字裡行間散發正能量的書。作者蔣馨鼓勵大家讀好書、做好事、向好人學習，並且有堅定的信仰安住自己的心靈。

《會讚美自己，才會成功》文中，從日常生活所思所感出發，並與成功者的信念相呼應，引用勵志的嘉言美句，鼓舞人心，強調自我實踐，增加優點，減少缺點，並以偉人事蹟相互佐證，讚美自己，也讚美別人；激勵自己，也激勵別人；成就自己也成就他人。

在這個充斥負面訊息的時代，多些正向思考和成功例證能帶給人們信心與力量，安然度過生命低潮期，儲備抵抗負能量的勇氣，以及克服逆境的動力。生活中有時花開滿園，有時荊棘遍佈，我們不能掌控人生每一條曲徑都是平坦順遂，但我們可以決定我們的心情，讓日日都是好日，一句話語閃過腦際，一個動人的勵志故事浮現心頭，改變了我們的念頭：「回首向來蕭瑟處，歸去！也無風雨也無晴。」坦然面對，人生沒有過不去的難關。

幾年前，接連發生大學生在校園跳樓輕生事件，其中一位大

四休學的復學生，在開學第二週上課期間，從教學大樓縱身而下跌落中庭，一個年輕的生命就這樣消逝了，接到噩耗的父母傷痛欲絕，目睹的同學驚嚇不已。四年前就在這棟大樓的某間教室的她，曾是我課堂中的學生，對大學生活充滿嚮往的新鮮人。四年過去了，不知她在課業上遭遇什麼困難？經歷怎樣的人生？讓她做出這樣的選擇，就像一個無解的謎團；也讓我深深體悟一個教師的無力感：在課堂上教再多的專業知識，卻無法教導學生面對困境的勇氣和智慧！

或許透過閱讀可以改善這個問題，多些「心靈雞湯」般鼓舞人心的作品，能為惶惑的生命指引迷津！

祝福蔣馨這本《會讚美自己，才會成功》讚美能量的好書，發揮激勵人心的功效，讓社會散發更多正能量。

會讚美自己，才會成功

蔣馨

讚美一朵小花，小花越來越美麗而尊貴；讚美小孩聰明，小孩越來越頭腦壯壯；同樣讚美自己是世界級的人物，你就有世界的格局，你發現自己已經有偉大目標了。

作家惠特曼在〈自我之歌〉說：

我要讚美自己，爲自己歡唱。
我認同的，你應該認同
我的每個東西都是好，你也是。

美國心靈學家露易絲．賀說：
「我們不斷責備自己，批判自己，一直相信自己不夠好。不論我們相信什麼，都會成眞。已經沒有時間可以浪費了，現在我決定開始用宇宙眼光來看自己——我是完美、圓滿而完整；在我生命中，一切都是美好的。」

對！讚美自己是吸引力法則。當你讚美自己的優點，優點吸引優點，好多優點圍繞你，讓你更加有自信，有自信才會有成功的人生。很多憂鬱症的人；或失敗無法東山再起者；或失業在家多年或退休後不知道日子如何打發；不妨從讚美自己，從自己

五官，自己所擅長或個性善良；想得到優點，都可以好好讚美自己，你將發現讚美自己如一雙明亮眼睛，看見更好的自己，生命還有無限好機會。「讚美自己」在日本已經成爲很火紅受歡迎心靈課程。

我有一次在北投公民會館教蠟筆著色課，我要他們自己讚美自己：我是世界級畫家。結果那兩個小時課，每個人好彩色好豐富，畫得眞美麗。在上課完後，一位應該退休的先生離開教室時，笑笑對我說：「老師有正能量。」是的，讚美自己就有正能量，這正能量讓你的人生圖畫美麗起來。

泰戈爾有一首詩：「陽光一吻，烏雲瞬間化爲天堂繁花。」讚美自己就是陽光，輕吻過去黑暗創傷，治癒自己而且寬容別人；不管現在的你，處在順境或逆境；年輕或年老，不要浪費時間批判自己，對過去錯誤自責不已；開始欣賞自己，讚美自己，你的心情喜悅飛揚，做什麼事都很精神抖擻，爲崇高目標努力且容易建立幸福的婚姻。

讚美自己會讓你在魔鏡中，看見你是世界級的人物，未來是錦繡如圖畫；你有無限可能的創造，成爲心目中的成功人物。讚美自己從現在開始。讓我們一起讚美自己，迎接世界級的美麗人生。

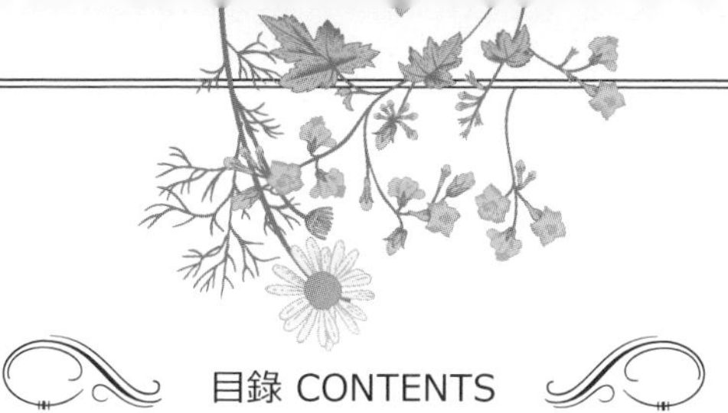

目錄 CONTENTS

Chapter 1

讚美自己有數不完的優點

想遇見真正自己，請來趟探尋自我宇宙的旅行，而車票呢？對！就是一本「讚美日記」。

——千塚千砂子，日本心靈諮商師

前天早晨得知一個很震驚的消息：藝人艾成在台北蘆洲住家墜樓，享年40歲。今日寫這篇文章時，還是很難過；這是我一直要當心靈勵志作家的原因，散播愛自己的正能量，期待每個人不要長期活在自我否定與自我控告裡。

艾成，馬來西亞的人。他在台灣是歌唱比賽冠軍，個性善良爲人著想，是一位令人喜愛的基督徒藝人。曾經有憂鬱症的他，因走進教會，恢復樂觀向上能量。在今年因疫情關係，做飲食生意失敗，負債五百萬。求好心切的他，應該一直活在自責裡：他不是好人，不是好兒子；不是好丈夫，他對不起父母與愛妻王瞳；自責心裡想到都是自己的缺點，且負債累累。

他忘了讚美自己數不完的優點；忘了自己是位歌唱冠軍，忘了自己的好人緣；忘了有一群想幫助他的貴人；更忘記上帝對他未來有偉大計劃。艾成憂鬱難過日子，**忘了讚美自己，看不見自己的優點，看輕自己才失去生命。**

曾經閱讀那位20歲異性筆友自殺前絕筆：「留在世上無

益。」我那位異性筆友很會畫畫寫文章，他是沒有看見自己出色的才華，是未來的大畫家與大作家，在絕望中寫著：留在世上無益。在很多很多年後，我走在街上想起他的自殺，很惋惜且心痛。

一些報導有名校高中生與大學生都在人群中是那麼優秀，前途一片光明；很可惜是遇到一連串問題後，陷入憂鬱懷疑自己的出生，在未喚醒內在英雄，就自我否定選擇慘烈告別人間，對自己與親友，將生命的喜劇變成難言傷痛的悲劇。

最近看了一本好書《讚美日記》，作者是千塚千砂子，是位心靈老師，同時也是作家。我一向愛讀心靈勵志書籍，當閱讀《讚美日記》後，我回想以前當學生時期，滿自卑的，不敢走到人群面前。自己從來不稱讚自己：很會讀書（曾讀一名）；很會寫作（比賽得獎）；很會跑步（讀書時參加長跑比賽拿冠軍）。

我只看自己渾身的缺點：出身平凡農家；容易緊張焦慮；做事粗心大意；身高沒有160公分；稍胖體態不優美；沒有拿到博士學位；電腦不是很靈光；有些倚賴的心……等等。所看都是自己的缺點，所以，當有人請我出來當領袖時，當時自卑的我都拒絕；理由：我不夠正點，不夠優秀。

聖經云：「**你叫他比天使微小一點，賜他榮耀尊貴爲冠冕，並將你手所造的都派他管理。**」自從我知道自己是神的傑作，受造奇妙可畏，地位只比天使微小一點，如此尊貴，還可以管理各樣事，爲什麼不眞愛自己，鼓勵自己，讚美自己？「爲什麼要看輕自己，常常很自卑，頭低低的，覺得自己一無是處，彷彿與幸福成功無緣。看輕自己，就是看輕神的傑作。每天讚美自己，形同每天讚美神。」我肯定告訴身旁友人。

很高興，自己早吻別過去，過去的自卑我不是我，今日的

會讚美自己才是我。每個人的出生與存在，都是世界的亮點，能夠讚美自己，等於讚美上帝的創造；讚美自己是與宇宙間最崇高力量連結，以此磅礡力量讓自己面對難題，活出更好更出色的自己。

日本心靈作家千塚千砂子說在《讚美日記》說：

「**宇宙大自然的能量是肯定各種生命的能量**，只要依照這個普遍的原則（生命肯定法）而生；就是對自己被賦予的生命抱持感謝、肯定及讚美，那麼生命就能發揮原本的能力，愛和幸福感等意識，將會自然活化體內的細胞；看待自己的迴路加寬往前。

如果違反肯定原則，會否定看輕自己的生命，活著也會變成一件痛苦難過的事。如果你活著很辛苦，或者想遇見眞正自己，請來一趟探尋自我宇宙的旅行，而車票呢？對！就是一本『讚美日記』（很便宜吧）。」

很多憂傷男女老少在千塚千砂子建議下寫「讚美日記」，結果生命來個轉捩點的改變，以下是他們的分享：

★有時候心裡還是湧現不安，這時候我會對自己說好幾次：我沒問題的。我受到宇宙的肯定，我一定相信自己。沒錯，我還活著。我心想一定要堅強活下去才行。——一位地震後的女性寫著。

★年過九十，還能夠順利操持家務，眞是值得感謝。自己的身體這麼健康，眞好。——年過九十歲老婦寫著。

★以前總是在乎他人眼光，覺得自己必須扮演好人，所以精

神緊繃。現在我覺得我就是我，這才知道，原來以前都扮演別人角色。——一位日本中年女性寫著。

★我能活在這個世界，眞是太好了，感謝上天讓我出現在這個世界上。我可以抬頭挺胸地活下去。——名叫五月女性寫著。

千塚千砂子是日本人，很了解亞洲社會人的心裡感受，自我壓抑特別嚴重的，總是不善待自己，所看自己是千瘡百孔，缺點滿佈；常陷入我不能的無助情緒裡，所以特別提出「讚美自己」的心靈療癒法。當她在日本國內推廣寫讚美日記，得到廣大迴響，幫助好多好多的人，包括婆媳不和的家庭主婦；地震後失去親友創傷人；還有準備國考的年輕女性；跑馬拉松的中年男子；90多歲的老婦等等。千塚千砂子收到無數的感謝函，用很簡單容易做到心靈療癒法：讚美自己，救了自己，可以很快樂活下去。

讚美自己在亞洲社會是特別需要，尤其亞洲父母在「望子成龍望女成鳳」下，常常用嚴厲高標準對待孩子；看報導鋼琴家李雲迪甚少得到父母的誇讚。這不是只有李雲迪父母，亞洲父母當然包括世界父母，都怕用「讚美肯定法」教小孩，會讓孩子過於驕傲，不再精益求精。若是我們無法得到長輩與朋友的讚美，不要難過灰心，倒不如每天從讚美自己開始。讚美自己是自信的開端，有自信才會信任自己能夠突破難關，自信的人才會成功。

十八世紀英國詩人布萊克（Willian Blake）寫一首很有哲理的詩：

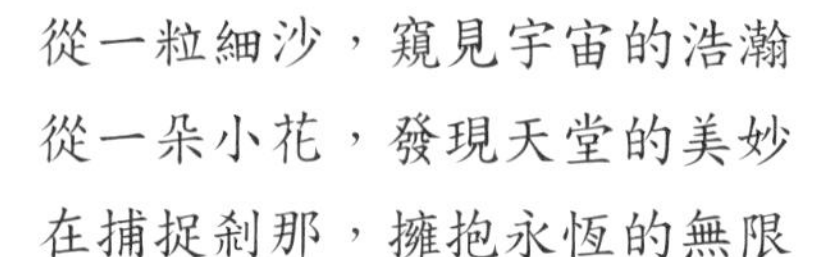
從一粒細沙，窺見宇宙的浩瀚
從一朵小花，發現天堂的美妙
在捕捉剎那，擁抱永恆的無限

我們是萬物之靈，大過細沙，美過小花，我們一定要學會讚美自己：生命是奇蹟，出生不是偶然，是有使命而降生。讚美自己從小地方開始。

讚美自己，從現在開始。不是要等自己成功或有錢才讚美；不是要等到做偉大的事，或得到萬人肯定掌聲才讚美自己，你活在這個世界就是值得讚美，你的一個小小優點，如：身體健康/眼睛明亮/會幫忙做家事/很會料理/願意幫助朋友/聲音好聽/孝順父母/認眞工作/很聰明/長得帥/手靈巧……等等，太多太多優點，在宇宙裡都是被讚賞；每天讚美自己吧！吸引力的法則，你越讚美自己好，優點吸引優點，哇！你會成爲人群中的「燦爛」，抬頭挺胸活著，樂觀勇敢向前。

「我活著——每天要讚美自己，自己會越來越好，成爲世上發光的珍寶。」以此祝福讀本篇的你。（2022/08/19）

讚美倡導複利效應——戴倫·哈迪

最近台灣夏天非常炎熱，所以，我帶著兒子亮亮上個月買的好書——《複利效應》到圖書館閱讀。在圖書館冷氣中，排除外務專心閱讀好書，是一種很好避暑方式，心靜自然涼，且帶來精神向上提昇喜悅。

讚美《複利效應》是本好書，做了好幾頁的筆記，我選擇三項分享：

★大多數人半途而廢，聰明人則繼續打氣。
★不是大事累計起來發揮最大的功效，而是數百件小事累計起來，區分出平凡與卓越。
★輸是一種習慣，贏也是習慣。改掉有害的習慣，培養必要好習慣，你就能夠把人生帶往你想要的好習慣。

戴倫·哈迪（Darren Hardy）是美國知名作家與勵志演說家。他在18歲時，就賺到六位數字美元年收入，24歲那年，已超過百萬美元年收入，27歲時，就擁有五千萬美元公司。27歲年紀，在東方，說不定還在讀博士生，或還在尋找好工作或不知道自己未來在哪裡，但戴倫·哈迪卻已經非常有能力有抱負，是一家公司的領導者。

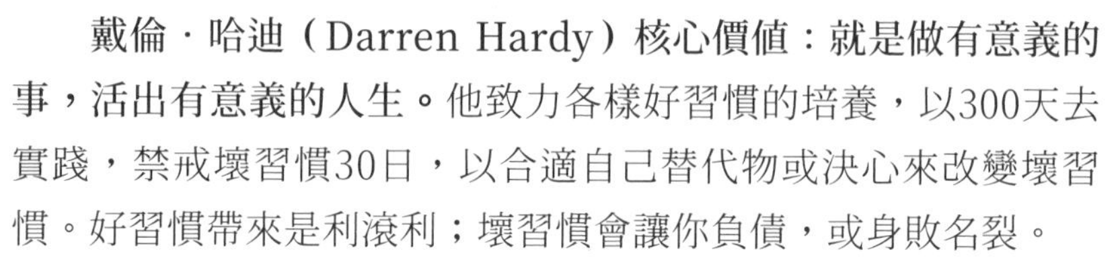

戴倫‧哈迪（Darren Hardy）核心價值：就是做有意義的事，活出有意義的人生。他致力各樣好習慣的培養，以300天去實踐，禁戒壞習慣30日，以合適自己替代物或決心來改變壞習慣。好習慣帶來是利滾利；壞習慣會讓你負債，或身敗名裂。

何謂「複利效應」？戴倫‧哈迪（Darren Hardy）說：

「複利效應應是一項工具，結合持之以恆有益的行動，將你生活中產生顯著的持久的差異。」

戴倫‧哈迪致力複利效應的實踐。他在一歲半時，父母離異，由單身父親扶養。單身父親曾經在大學擔任美式足球教練，所以他用訓練運動員方式教養自己兒子。戴倫‧哈迪曾說，自他懂事以來，他就被嚴格要求每天六點就要起床，要做比女傭和園丁加起來還要多的家務，只要你想得到家務事，戴倫‧哈迪都做過。且嚴格父親不准兒子找理由向學校請假，除非真的吐了，流血或傷到見骨。

這樣有規律起床，勞其筋骨的家務事與不隨便找理由的十幾年教養，在戴倫‧哈迪產生很大正面利益：致力建立好習慣，追蹤自己日常生活作息，金錢使用習慣，避免懶散與金錢超支。他會對新聞媒體節食，不去看扭曲世價值的報導，他只關注自己的直接興趣和目標有關新聞和產業消息。他每天早晚閱讀30分鐘勵志與教育性內容，開車聽個人成長的音頻，主要讓大腦裝了激勵、鼓舞人心的思想，如純淨的水沖掉負面思想髒水。

所有成功與幸福都是持之以恆的複利產物。戴倫‧哈迪向勇奪世界八面金牌麥可‧費爾普斯學習，他在《複利效應》書上寫著：

「2008年在北京奧運奪下八面金牌的傳奇，泳將飛魚麥可・費爾普斯，是如何做到的。在教練鮑伯・波曼的指導下，費爾普斯鍛鍊技能十二年。他們一起建立了例程與節律。十二年來，只有一次波曼准許他提早15分鐘結束訓練，好讓他去盥洗換裝，參加中學舞會！而且那是十二年來唯一一次！難怪費爾普斯在泳池所向披靡。」

讀著戴倫・哈迪描述泳將飛魚麥可・費爾普斯的12年持之以恆練習，是不是一幅很生動有力的畫面？12年來苦練游泳技能，才能產生複利最佳效應——拿到八面金牌。所以，成功不是偶然的，是一種刻骨銘心持之以恆的實踐。倘若，當我們工作遇到困難要撞牆，或學習某項技能或實踐大夢，想要放棄時，就記得戴倫・哈迪喜歡的成功人物：泳將飛魚麥可・費爾普斯12年持之以恆的精神。

戴倫・哈迪主張要把人的目標寫下來。他以暢銷書作家布萊恩・崔西的話來說明。布萊恩・崔西說：

「**一流人物都有明確目標，他們了解自己是誰，知道自己想要什麼**。不明確定義你的目標，你的生活就像一直打空靶，把目標寫下就是你的起點。」

戴倫・哈迪不只寫下自己人生的目標，持之以恆的追求；連他想要擁有婚姻理想妻子，鉅細靡遺寫下來。他曾經在未婚時，寫下自己未來理想另一半的特徵，洋洋灑灑寫了40多頁。他終於美夢成眞贏得美人心，娶到一位好太太。爲了經營幸福婚姻，他曾經從感恩節開始，每天花5分鐘寫有關太太付出的感恩事

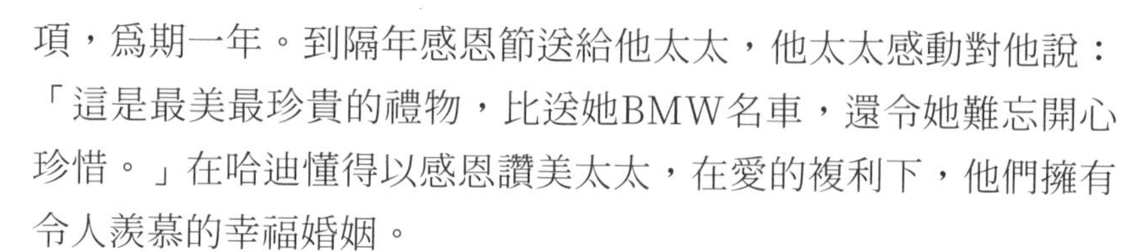

項，為期一年。到隔年感恩節送給他太太，他太太感動對他說：「這是最美最珍貴的禮物，比送她BMW名車，還令她難忘開心珍惜。」在哈迪懂得以感恩讚美太太，在愛的複利下，他們擁有令人羨慕的幸福婚姻。

大多數世人的行為期待中彩券好運。哈迪認為中彩券機率是零，**把買彩券錢省下來做有意義事或儲蓄投資。**他自我要求要額外努力，超越他人對你的期望，做得比足夠還要多。如他若被邀請去一家公司演講，會花相當多時間去準備，試圖了解公司的產品，市場以及他們對哈迪演講的期望。

當你做到優於期望，將成為你聲譽重要部分。你的聲譽越高，所產生複利就越高，你能力增高，你的市場成效增加多倍。

《複利效應》這本書是戴倫 · 哈迪如何成功與獲得幸福的身體力行的故事，有空反覆閱讀，如傾聽一位益友分享他的體悟，你們會多一位心靈的好朋友，一位心靈人生顧問。讚美戴倫 · 哈迪能書寫「複利效應」這本好書，最後以書中一段話為我們彼此共勉：

「期許自己變得更好。你可以再走遠一點；多逼自己一點；維持得稍微久一點；準備得更好一點；實踐得更多一點。這些追求卓越好習慣將會產生漣漪效應，**你對自己百分之百負責，使你成為好習慣的最大受益人。**」

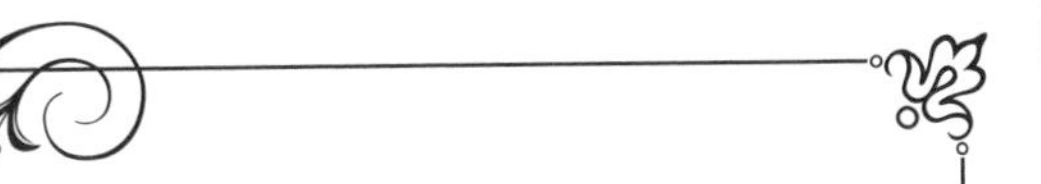

Chapter 3

從事好工作，將自己定位國際級精英

不管一個人的職位多麼低微，只要他善盡職責，就值得他人尊重，如同國王得享尊榮。

——魯塞・康維爾（Russell H. Conwell），

《鑽石在你家後院》的作者

在青少年的我，一直探索生命意義，怎樣讓這一生過得有意義有價值。幾度春去秋來，在高山在低谷；在獨處在人群，在工作在家庭中，幾番試煉經歷，直到五十多歲，對生命的意義豁然開朗。

生命意義是活出一個貢獻、豐富與均衡的生命。要活出有貢獻，豐富與均衡生命就以好工作、好信仰與好興趣爲生命三大主軸來彼此成就。本文以「好工作」來說。

所謂好工作是指正當有益社會發展的職業，若是販毒、色情與賭博爲生，都是不好的。人要工作就要選擇好工作，才能在生命中獲得相同的益處，使生活得以充實均衡；若從事不正當工作，帶給生命是不正當反射；例如販毒人，毒害別人的一生，同樣染毒自己生命。縱觀販毒、開賭場與色情等不正當工作者，都是以悲慘不安後悔中度過一生。

「工作」是人一生生存的條件。有工作才有收入，有收入才能滿足生活所需。魯塞・康維爾（Russell H. Conwell）是美

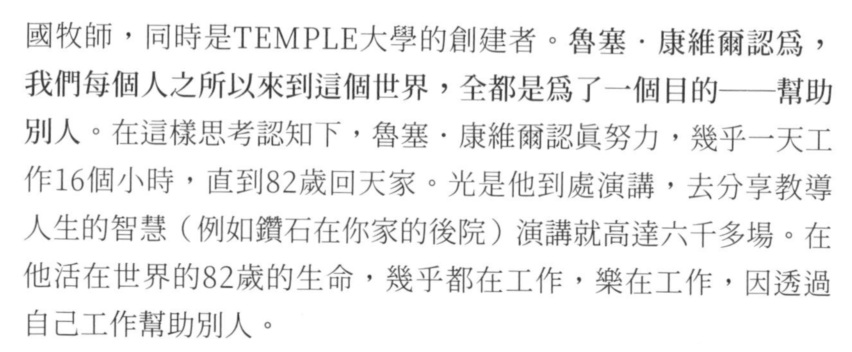

國牧師，同時是TEMPLE大學的創建者。**魯塞．康維爾認爲，我們每個人之所以來到這個世界，全都是爲了一個目的——幫助別人**。在這樣思考認知下，魯塞．康維爾認眞努力，幾乎一天工作16個小時，直到82歲回天家。光是他到處演講，去分享教導人生的智慧（例如鑽石在你家的後院）演講就高達六千多場。在他活在世界的82歲的生命，幾乎都在工作，樂在工作，因透過自己工作幫助別人。

《鑽石在你家後院》是本好書，可以閱讀它，從中會獲得很多有關工作的智慧。魯塞．康維爾（Russell H. Conwell）在《鑽石在你家後院》說：

「不管一個人的職位多麼低微，只要他善盡職責，就值得他人尊重，如同國王得享尊榮。

供應大家需要的東西。這個原則完全適用於所有行業。只要向世人提供他們需要的東西，成功必然到來。

你渴望的鑽石，不在遙遠的礦山，也不在遙不可及的地方，它就在你身邊，只待你去挖掘。

在各式各樣的傻子中，最傻的莫過於找到新工作之前，就冒然辭去舊有的工作。」

若是你目前是上班族，你要在工作善盡職責，要把這個工作當作鑽石，每天盡力去開採磨練。要同理老闆創辦企業的心：供應大家所需要東西去賺錢。老闆供應大家所需要東西，你爲老闆工作，等於要供應老闆所需要的專業與才能，這也是你的報酬。幫助老闆賺錢，等於幫助自己賺錢。老闆與員工都是在同艘船上，唯有同心，才能創造雙贏的格局。

請不要在職怨職，常常轉換工作跑道。珍惜眼前工作，把當前工作做好，就是在擦亮生命的鑽石。「**如同在各式各樣的傻子中，最傻的莫過於找到新工作之前，就冒然辭去舊有的工作。**」這句話出自一位創辦大學校長的智慧話，要牢記在心。我從前就是犯了「冒然辭去舊有的工作」這個錯誤，爲了這個錯誤付出相當代價，日後再爲文說明。

在從事工作時，要把自己定位爲：國際級的卓越工作者。人的潛力眞的無限，當你定位自己是國際級的卓越工作者，越能激發自己，追求自我突破，向前進步的動力，後來眞的成爲公司的台柱。

約翰·迪馬提尼（John Dimartini）這位從小被判定閱讀有障礙的特別生，後來遇見良師告訴他：「你是天才，將展現無限智慧」後，從此有閱讀障礙的他，不再自我懷疑自我放棄，他認眞努力補足一切荒廢的學業，然後進入大學就讀，成爲同學眼中微積分的天才，後來成爲整脊醫師。當他渴望將自己經歷透過演講去幫助別人時、他有演講的恐懼，他努力克服，去上了「如何當好演講家」的課程，希望自己可以安然在講台上演講，但還是不那麼順利。

直到他向有雙重作家與演講家身分的韋恩·戴爾（Wayne Dyer）請教：「如何當職業好演講家？」

韋恩·戴爾（Wayne Dyer）對約翰·迪馬提尼說：

「你要將自己定位國際級頂尖的演說家。告訴別人：你是國際級的演講家。」

從此約翰·迪馬提尼將自己定位爲國際級頂尖演講家後，眞

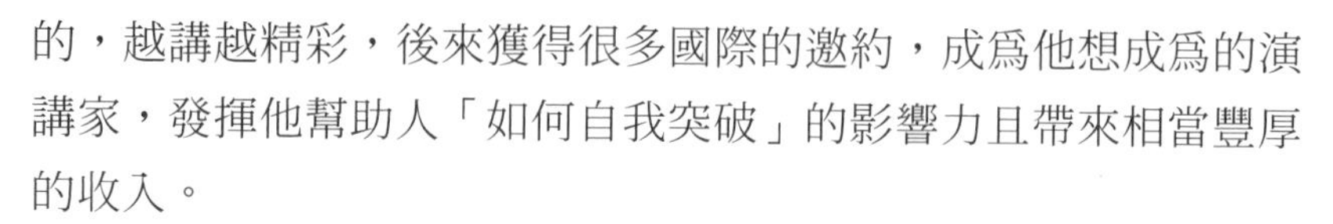

的，越講越精彩，後來獲得很多國際的邀約，成爲他想成爲的演講家，發揮他幫助人「如何自我突破」的影響力且帶來相當豐厚的收入。

所以，一個人從事工作時，都要把自己定位：

「我是國際級的卓越精英，我是公司的閃亮招牌。」

這樣自己工作格局就變大了，自己的潛力也變大，整個宇宙都願意幫助那些熱愛工作，不斷追求世界格局的人。生命是一面反光鏡子，你越是把自己定位一位國際級工作者，漸漸所有善緣上緣貴人的光都匯集在你的生命鏡子上，時機成熟了，各樣好光線充足了，反射出來就是這樣國際級的光芒身分。

我要當作家，我就把自己定位是國際級的作家，這樣定位，也會讓我在寫作上不斷進步不斷提升，不斷體會生命、探索生命，打開眼界，讓自己更上一層樓督促自己寫作，終有一天，世界各國人都能閱讀到我的文章。這就是放大格局，自我定位的重要。

生命是一面反光鏡，你認爲自己身分如何，它都眞實反射出來。認爲自己無用，永遠與好工作無緣；或認爲自己無限可能，是國際級的工作精英，有一天你們會在生命反光鏡，眞實看見：你定位的自己。（2022/04/29）

Chapter 4

好信仰讓你成爲本世紀閃亮人物

你是本世紀最重要的人物。人是生來成功，不是生來失敗。

——柯林．透納（Colin Turner），美國潛能作家

租屋在外面的女兒安安於5月1日勞動節放假回家。我問安安：「璽恩生了嗎？」「41歲璽恩終於在2022年4月30日喜迎女兒誕生。」安安將璽恩臉書連結於家庭群組，我滿足這樣喜悅答案。

璽恩在22歲與周神助牧師的大兒子31歲周巽光結婚。由於璽恩被醫師告知：不容易懷孕，要有無兒女的心理準備。璽恩與巽光在結婚18年期間，住家都打造成夫妻兩人的愛窩，兩人平日忙著教會的服事，每年都會到國外參與全球性的特會。他們想這一生就這樣兩人世界度過。

沒想到在璽恩結婚18年，40歲時，她發現自己竟然懷孕。夫妻喜出望外對外宣布：這是神所賜的恩典禮物。璽恩說兩句話令人印象很深刻：

「**從來不要對神說，我不可能做什麼**」，對朋友說。

「讓妳成爲上帝創造的妳」，對剛出生女兒說。

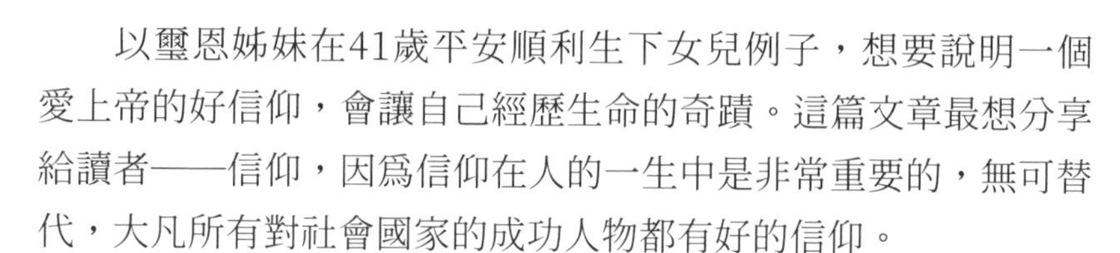

以璽恩姊妹在41歲平安順利生下女兒例子，想要說明一個愛上帝的好信仰，會讓自己經歷生命的奇蹟。這篇文章最想分享給讀者——信仰，因爲信仰在人的一生中是非常重要的，無可替代，大凡所有對社會國家的成功人物都有好的信仰。

馬偕博士，爲什麼勇敢在27歲離開加拿大到中國，後來一生奉獻在台灣近30年；同樣故事是英國人蘭大衛25歲到台灣彰化行醫傳教40年，65歲才回到英國養老。德蕾莎修女一生奉獻在印度貧民與孩童，榮獲世界和平獎；創辦台灣空中英語教室彭蒙惠女士，從25歲來到台灣到今年（2022年）95歲共70年；80歲的周神助牧師，除了有一個幸福的家，還有兩個非常傑出優秀兒子，讓台北靈糧堂成了台灣衆教會的標竿且連結全球。

這些人物爲什麼可以如此勇敢堅強做大事，成爲當代有貢獻影響力的人，其源自他們的敬虔好信仰。

好信仰出自聖經的教導。聖經中讓一個人完全脫胎換骨，成爲一個有自信看重自己的出生，並相信自己在神助下，可以如愚公移山，完成不可能的任務。我闡釋分析如下：

人是神所創造的，尊貴有命定

我從前不認識神，很自卑，看自己是灰姑娘，對未來不敢有任何偉大期盼。但神對你說：

「你只比天使更小，是我掌上明珠；我看重你，你的出生有命定，要去愛人如己。我可以做的事，你不但可以去做，還可以更偉大。」

當偉大的神對你如此說，人只比天使小些，且身上流著高貴的血液，有崇高神性，是神的兒女，你怎能自卑呢。就是這股我是神的孩子的認知，使身高不到160公分的周神助牧師，充滿信心娶了有才德妻子，有智慧將台北靈糧堂帶領成有至少200公分高度的教會。

無手無腳的力克·胡哲（澳洲人），認爲自己是上帝的寶貝，尊貴有命定，非常帥非常有魅力，他娶了美嬌娘且生了兩對雙胞胎（二兒二女），今年40歲的力克·胡哲（1982年出生）是全球勵志演講家與作家，是位閃亮的人物。

你是神所創造的，你身上流著冠軍的血液，有雙天使的無形翅膀，不管你的外表胖瘦，你就是獨一無二被創造，要在地球成爲發光的人，你會拯救一些人，你會帶好多人跟你一起飛翔。

好信仰讓你有閃亮的生命

當我認識神，有好信仰後，我漸漸看重自己的出生，願意去培養優點，去符合神兒女家的身分與個性。相信自己會做更大的事。

耶穌說：

「**我所做的事，信我的人也要做，並且要做比這更大的事。**」（約翰福音14：12）

耶穌一生走入人群，到偏鄉愛那些世人眼中不愛的人：瞎眼、長痲瘋、妓女，生重病的人；饒恕那些害他的人。他的愛活生生在短短33歲完全以身作則在人間。凡相信耶穌的人，都以

耶穌爲偉大父親形象，要去擁抱人群，關心人群。這就是爲什麼馬偕博士，蘭大衛醫生，德雷莎修女，彭蒙惠女士都願意在很年輕二十多歲就決定要跟隨主耶穌，要做「比這更大的事」；果然他們做更大的事，成爲世上的光，光照無數人的心，改變無數人的命運。

神曲的作者但丁說：

「**上帝的愛，完美無可描述，**
流進每個純潔的靈魂，
就像光線照進透明的物件。
………
跟祂起共鳴的靈魂越多，
他們的愛越強烈，
就像鏡子，**每個靈魂相互映照**。」

好信仰是要一生去實踐，每天要去經歷的。不要離開神，隨時閱讀聖經，從中得到眞理亮光，讓聖靈幫助自己參透萬事，在工作與生活中做很智慧的判斷，靠著好信仰加給自己內在的力量，凡事都能做，且做得卓越優秀，在所處位置發光。

以提倡要充分展現自己潛能作家柯林·透納（Colin Turner）的一段話勉勵你：

「你是本世紀最重要的人物。人是生來成功，不是生來失敗；**人生的目的爲了充分發揮潛能**。不要再用『我絕對辦不到』的字眼，因爲你若不放手去做，怎麼知道你做不到呢？

永遠要把自己看成你眞正想成爲那個人，不要把自己看做

是一個成不了大事的人。不論你做什麼工作，總是有無限機會。聖經說：『找，你就會找到。』只要你下定決心做的事，都會實現。」

好信仰是人生成功磐石，每個人有無比潛力去做更大的事，相信自己會是世上的光，本世紀閃亮的人物。（2022/05/06）

Chapter 5
好興趣讓你生命更加豐富均衡

前天，無意中在YouTube聽見歌手李建與李克勤唱「花火」。「花火」有一段歌詞寫得很好：

「原來風雪可以讓我堅強讓我感動，
墜落在我的夢，只要一點火種，
依然照亮我笑容。
原來命運還有一些在我掌握之中，
眼淚的朦朧，透著一道彩虹。」

「原來風雪可以讓我堅強讓我感動」，寫得真好。好興趣彷彿風雪是讓人堅強讓人感動。在工作戰場中，不明理上司苛責下，好興趣「讓命運還有一些在我掌握中」，工作委屈淚光裡，還是看見一道微笑彩虹。好興趣雖然不是工作，卻讓工作更加有效能，工作更快樂。

中國老一輩子的想法：**工作很重要，興趣是風花雪月之事**。因此要孩子專心一意讀書再讀書，不要玩音樂玩藝術，玩無用之事。就在這個思維下，我的國中3年，學校不重視音樂美術，甚至體育活動，這些科目時間常被挪用來升學考試。在那充滿考試的3年國中生涯，我的身心靈失去平衡，常陷入緊張焦慮中，整個人的思考除了正確答案與高分數外，豐富想像力不見了，生活

的趣味消失了，國中的我，看起來呆呆的，手腳很僵化，心裡覺得生命的重量好重好重。

生命這樣重，缺乏青春飛翔的輕盈與歡呼。升學教育造成後遺症：我的身心常不自覺緊張緊繃，人有些自私勢利。直到中年的我去加強被遺失的畫畫課，加入教會詩歌班，上了舒緩舞蹈課；加上閱讀修身養性的心靈書籍，包括聖經，在多方面接觸培養好興趣下，自己除了家務工作、寫作外，還特地撥出時間畫畫、唱歌、跳舞，這樣多方面滋潤心靈，慢慢整個生命色彩開始多彩，心舒緩放鬆，常有喜悅能量讓自已笑得如好花盛開。

「勤奮工作」是很重要的。因只有透過勤奮工作才有收入，讓自己富足於生命當中。但如果人一輩子除了勤奮努力工作，沒有正當興趣活動平衡一成不變工作，整個的生命失衡且容易犯錯。

提倡充分發展潛能作家柯林 · 透納（Colin Tuner）說：

「有句俗諺說：**『改變就是休息。許多寫作者想要輕鬆一下，就會下一盤棋。』**」

思考家Hazarat Inayat Kham曾說：

「**『因生命的奧祕在於平衡，失去平衡，生命也就毀滅了。』**

生命之輪如果不圓了，人生之旅就會非常艱辛，若想安全無恙到達目的地，請保持你的生命之輪渾圓均衡。』」

柯林 · 透納（Colin Tuner）「請保持你的生命之輪渾圓均

衡」是相當有智慧思維，可以印記在心中。

張忠謀的叔叔是位懂生命需要均衡的人，所以向張忠謀爸爸建議：張忠謀在大一先去讀哈佛大學，讓哈佛大學的德智體群美的均衡教育，豐富滋潤張忠謀學理工的思維。果然，張忠謀在哈佛大學一年裡，學會打橋牌，看海明威的文學作品，參加課外活動。有這一年豐富均衡興趣培養後，張忠謀在大二就轉學讀麻省理工大學年，之後，完成學士與碩士，後來拿到史丹佛大學理工博士。

五十多歲的張忠謀回台創辦台積電，帶領台積電成爲世界級的品牌。張忠謀在忙碌工作之餘，依然保有讀好書的好興趣，依然有空會陪太太聽音樂會，看畫展。八十七歲退休的張忠謀，現在在寫他個人的傳記。

「爲什麼張忠謀先生的生命這麼長久成功卓越？」

筆者我的看法：**張忠謀的卓越成功完全在於他有均衡豐富的生命。張忠謀的均衡豐富的生命，歸功於他大一就讀哈佛大學豐富均衡辦學理念**。所以，人生要獲得長久的成功卓越，是在於他有豐富的心靈，均衡的生活。

李雲迪是自己寫作時曾引用人物。人要成功要如李雲迪至少十年裡不斷練習，恆毅力才能成就一位「鋼琴王子」，名滿天下。但在去年（2021）鋼琴王子卻因嫖妓，形象大跌。我不會過多責難李雲迪，也許他養成教育中，缺乏是豐富均衡興趣培養，每天除了彈琴外，還是彈琴。大提琴家馬友友相對在音樂本科外，還有心理學等學習活動。

容我爲李雲迪祝福：希望他在生命在低谷，去研讀心靈成

長書籍，追求靈命更新與成長，當然能夠讀世界最暢銷心靈書籍——聖經，那是聰明有智慧的選擇，選擇閱讀聖經爲每天好興趣，在良師益友相互光芒影響下，幾年後，時機成熟，李雲迪還是可以雲破陰霾，光照大地，啟迪世人——豐富均衡生命才是生命眞正長久成功的源頭。

美國心理學家芭芭拉・安吉麗思（Barbara Angelis）說：

「我們日常生活仍然很像置身於戰場。你心中的這片靜默之地，就是你眞智慧、你心中眞實聲音的源頭。」

祝福很棒的你：好興趣會讓你遠離生活戰場，聽見心中眞實的聲音，讓生命更加豐富均衡。

Chapter 6
讚美自己：遠離負面報導

我要說得是，大多數人都困在負面的意識層次裡。這是大眾媒介傳播層次。

——喬．維托（Joe Vitale），美國心靈作家

現在是五月下旬，梅雨季節。最近台北一連下了好多天的雨，昨日的雨算是「傾盆大雨」，若撐傘看雨後的大自然，應如宋朝李清照所描寫「昨夜雨疏風驟。……。知否？知否？應是綠肥紅瘦。」

台灣新冠疫情本來是控制好好的，受到很多外國讚許報導；但沒想到在2022年四月底到五月破功了，確診人數暴增，約8萬多人。新聞每日都在報導，空氣中有一股驚惶的氛圍，加上美國一位18歲槍手在超市拿槍射殺，造成10死3傷的報導；還有今年2月分蘇俄入侵烏克蘭的戰爭；更早之前的飛機失事，台灣普悠瑪火車脫軌的慘劇，老百姓的車禍及工廠意外火災……；每天所聽所見都是這些「壞消息」，看著天，心想：世界末日是不是要來了。

世界末日沒有來，世界如美麗花園，百花齊放，欣欣向榮，雲雀正高歌。多少科學家，文學家，藝術家，建築家，醫生、教師與各樣服務人員，在貢獻自己的心力；人們正向外太空築夢，有一天要移民火星。正如電影獅子王所歌詠的：

當我們來到這個星球
眨了眨眼，走進陽光
從這天起看也看不完
有多少知識等著吸收
有多少事物著發現
而太陽它高高運行
穿越而過蔚藍天空
讓一切萬物生生不息

這個世界真的很輝煌鮮麗。雖然新冠疫情嚴重，我還是帶著口罩跑步，眼睛所看的，正如獅子王所歌詠，花如此綻放完美，善良人們帶著微笑，分享他們所有，這世界的瞬息萬變，會讓你琢磨宇宙的偉大。會讓我如此琢磨宇宙偉大，是因我在大自然中，接收的是美麗的正能量，這美麗正能量，讓電影導演導出如獅子王的好電影，各行各業都是如此在美麗正能量中，成功卓越，世界因他們更加美好。

所以，請讚美自己：遠離負面的報導。優秀的你，不想一天到晚看負面報導；你將百分之九十九的時間專注在自己工作與興趣上，一些悲劇慘劇大概知道就好。你相信這世界是璀璨無限美好，我們居住在其間，我們是被保護，打自心裡相信自己是健康長壽，一切蒸蒸日上，越來越好。美國心靈作家喬・維托（Joe Vitale）在《相信就可以做到》書上說：

「我要說得是，大多數人都困在負面的意識層次裡。這是大眾媒介傳播層次。人們每天對話內容都在這個層次打轉。這也是能量低落層次。

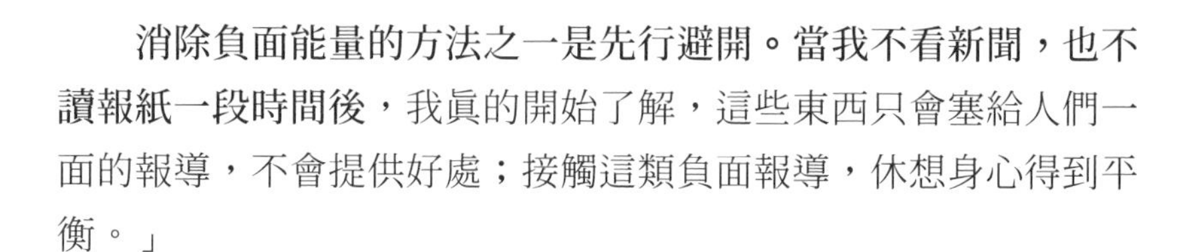

消除負面能量的方法之一是先行避開。當我不看新聞，也不讀報紙一段時間後，我真的開始了解，這些東西只會塞給人們一面的報導，不會提供好處；接觸這類負面報導，休想身心得到平衡。」

是的，一天到晚看負面黑暗報導，身心哪來平衡？我的朋友F，在她20多歲深度仔細看華航飛機失事報導，這個過於詳實血腥飛機失事，正如哲學家亞里斯多德說：「外在所表達一切，都會銘刻在人的內心」，銘刻在她的內心：飛機失事。從那個飛機失事報導後，她不敢搭飛機。20年過了，她到大陸工作，是坐船去的。

請不要小看負面報導的黑暗影響力，有時候它的殺傷力很強。就像槍擊事件報導渲染後，不久之後，又發生了一件；因為沒有判斷力的青少年會模仿，然後無知衝動之下，就釀成大禍悲劇。新聞記者為什麼要報導負面黑暗事件，主要是刺激收看率，只有聳動新聞報導，才會引起人們的注意，越多人注意，報紙銷路越好，上網點播率越高，這樣新聞記者的飯碗可以保住，因背後老闆大賺錢。

有一位消防隊隊長，每天面臨是救火的高危險的工作。他告訴自己：他會很平安做到退休。他在每天夜晚都會想像他在光圈被保護中，所有火無法靠近他，他會大有平安。真的，如他所願，20多年後，他順利做到退休，沒有所謂因公殉職這樣令人難過的事，他對國家有無比的貢獻，救人無數且健康長壽。

宇宙是能量，有光明與黑暗能量，每天都在屬靈上空打仗。人是宇宙一份子，生活在其中，善良與邪惡同時存在我們的內心。所以，自古兩千年以來，偉人與作惡的人，同時一起拯救世

界或污染世界。

聰明的你，請在善與惡之間做選擇。人一天24小時，正如美國作家柯林．透納（Colin Turner）說：「你有能力決定讓什麼思想進入你的腦子裡。」負面新聞黑暗報導，能不看，盡量不看；「秀才不出門，能知天下事」，如果知道是從少數人報導某個國際黑暗事件，這個天下事知道了，沒有什麼益處。倒不如節省看這些負面新聞報導時間做有益的事，如柯林．透納在《成功之鑰》說：

「每天減少看電視時間，使自己每天讀一小時的書。只要一天讀書一小時，一個月就讀一至兩本書。閱讀內容要廣泛。可以看專業書籍，看勵志的書，也看你幾本你喜歡的書。記住，愛看書的人，是領袖人才。」

每天減少看電視時間」，用在網路發達21世紀，就減少使用網路時間，尤其遠離網路負面報導，因這這類黑暗報導，會像病毒侵蝕你的心靈健康，讓你充斥著所有悲觀灰色的思維，削弱你的偉大光明力量。

在台灣新冠疫情有8萬多確診人數時刻，我打自心裡相信：自己健康長壽，在神的保護裡，大有平安。台灣的新冠疫情會在大雨後，逐漸好轉控制下來，雨過天晴；祝福台灣同時祝福自己。

你讚美自己：遠離負面報導，每天懷著明確目標，努力工作，保持看好書習慣，遠離負面世界末日報導，未來是偉大的夢，令人期待，看好自己的成功。（2022/05/27）

Chapter 7
現在是
喜悅的時候

理論是灰色，但樹木永遠青翠。

——歌德，德國作家

現在就是喜悅的時光，請欣賞周遭的新奇事物。不管你現在是皇宮貴族，或平凡小市民；或年輕或年老；或得意或失意；你是天地間最有靈性的個體，所有外在頭銜與眼前的景況，都因你自信活著就溢滿希望。

看！大自然萬物陪伴你，萬物都以喜悅的姿態迎接每一天，生命多麼豐富美妙！當你願意張開明亮眼睛，來欣賞生活周遭的萬事萬物，你整個人將發光發亮，成爲大自然風景一部分，沐浴在和諧與喜悅金光中。法國詩人波特萊爾在《巴黎的憂鬱》寫著：

「問問風兒、問問海浪、問問星辰
問問鳥兒、問問時鐘…
問問現在什麼時候，
風兒、海浪、星辰、鳥兒、時鐘……
現在是喜悅的時候！

隨你所喜，或酒、都會回答或詩，或是善。」

「隨你所喜，或酒、或詩，或是善。」做自己喜歡的事多麼快樂呀！在自己做喜歡的事之餘，你也可以選擇重塑自己，向自身弱點挑戰，在自己身上實踐創新。你喜歡自己嗎？你看好自己嗎？你是不是看見自己很多缺點，不滿意自己？你可以選擇重塑自己，增加優點，減少缺點。**美國作家史蒂芬·霍夫曼（Steven S. Hoffman）在《讓大象飛》主張在自己身上實踐創新**，他以老羅斯福的故事爲例：

「老羅斯福原本是體弱多病的孩子，他一次又一次重塑自己，他始終相信，如果他想做，肯定就能做到。他不要讓自己變得死氣沉沉，他在自己身上實踐創新，不斷塑造新我。最後小兒麻痺症的老羅斯福成了無所畏懼的戰爭英雄、雄辯演說家、出色的政治家及探索世界的冒險家及美國的總統。他不安現狀，堅信會有更好世界。」

對！老羅斯福不安現狀——體弱多病，小兒麻痺症，堅信更偉大自己；所以就以堅強意志重塑自己，讓自己對這世界做更多的貢獻。詩人泰戈爾說：「世界以其痛苦親吻我的靈魂，要我歌詠作爲回報。」讓我們學習歌詠世界，揚聲讚美世界，以喜悅的心重塑自己，去學習新事物昇華自己，讓自己更強壯更上一層樓，展現多方面優秀卓越的自己，雖然無法如老羅斯福當了美國總統，至少我們更加有自信，活出自我實現的喜悅高峰。

要自信活在喜悅裡，就要善待自己，提升自己。韓國作家孔枝泳在《無論你選擇什麼樣的人生，我都爲你加油》寫給女兒：

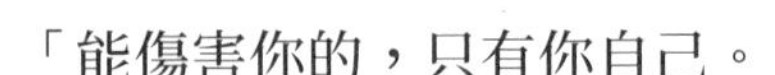

「能傷害你的，只有你自己。

就因爲今天一大早偶然受到侮辱，難道你要賠上今天一整天？

你要成爲當下的主人，當你善待自己，感到自豪，就不再有人讓你心痛。」

你是不是還爲過去那些侮辱與悔恨的事睡不著嗎？這些我都有過，自己有很多年覺得人生是灰色，有藍色多惱河流經內心。

我的作法是自己安身立命在好信仰中，追求更崇高靈性的生活；並做自己喜愛的事：跑步、寫作與畫畫。悔恨的事或遭人侮辱都發生了，你在爲它痛苦都是無用的。轉移注意力充實自己靈命生活，提升自己的寬度與深度，當你忙碌你喜愛的興趣活動，那些從前的事早就在背後模糊了，最重要是你已經不是從前的你，今日的你更加卓越燦爛。

永遠相信自己出生不是偶然，一定有其任務；所以眼前的事無損你的天生的價值光芒。當你這樣想時，你就不會認爲自己生命，那麼無趣無聊或痛苦壓抑；該看電影就去看電影；該吃好吃的就去吃吧！該運動就盡情運動，適當享樂休閒是讓你充滿快樂心情與滿足裡。

德國作家歌德說：「理論是灰色，但樹木永遠青翠。」你就是天地間一棵樹，不管發生多少風雨交加的錯誤、別人的烈火酷暑批評，讓你痛苦不堪，覺得生命充滿黑雲的籠罩，如果你願意重塑自己，讓自己更茁壯更向上；並欣賞大自然萬物美麗，歌詠世界唱響世界，你會自信如樹木，活在喜悅中。

我正在走在自信喜悅中，歡迎在路上遇見你，來兜陣走，邊走邊歌唱。

Chapter 8

你令人讚賞，不可畏懼人生

不可畏懼人生。要相信人生是有價值的。

——威廉．詹姆斯，美國心理學家

我們每個人都正在面對人生。你面對人生是自信勇敢堅強，還是膽卻害怕多疑？「我要選擇什麼樣工作？我要不要結婚？我要不要出國闖天下？我會不會健康長壽？我如何看待死亡？」人生的生老病死，大大小小問題，都在人生每個階段一一出現在眼前。你看好自己的人生嗎？你畏懼面對自己的人生嗎？

感謝有機會出國看看學習，看看外國人為什麼那麼進步文明？其中我發現好信仰深入他們生活，父母教育小孩子。西方父母通常告訴小孩子：「**你是獨一無二的棒，天生帶著開採黃金屋的能力，別害怕做你真實自己，勇敢去闖去嘗試，上帝是會隨時幫助你的**，整個宇宙都會支援你的。即使跌倒了，失敗都無所謂，從中得到教訓，抓把泥土站起來就好。」就是這種無所畏懼的人生的教育觀，西方孩子都勇於嘗試陌生的領域，挑戰未知的未來。

德國大文豪歌德說：

「任何願望，任何夢想，開始吧！

勇氣足以創造，力量無窮，

魔力無邊。」

當你心中充滿勇氣，你無可畏懼人生，人生是用來創造偉大。哥倫布發現新大陸；探險家紛紛征服南北極；美國、加拿大、紐澳國家也是一群勇士年輕人開墾拓荒建立起來；馬丁路德躲過追殺逃亡，勇於將天主教改革成基督教；林肯總統堅持廢除奴隸制度不惜國內南北戰爭，就是要站在真理一方；鋼鐵大王卡內基，洛克菲勒石油大王在商場上呼風喚雨建立龐大商業王國，都是無所畏懼人生的展現。

你畏懼人生嗎？讓我們聽聽心理學家威廉・詹姆斯的看法：

「不可畏懼人生。要相信人生是有價值的。這樣相信以後，就會擁有值得我們活下去的人生。」

安東尼神父曾說過，真正的人生是一場賭博。想想馬偕博士以27歲從加拿大到台灣傳教，未嘗不是一場賭博。馬偕博士如果畏懼人生，那我們台灣人也不可能認識這外國的阿兜；且有基督信仰。你畏懼人生嗎？你不妨問問自己，最近我就是這樣問自己。我提供最近思考的領悟如下：

相信自己來到地球是有特別目的

不管你是男生女生，不管你的職業如何，你的出生就是因某種目的而來。士林靈糧堂劉群茂主任牧師常常說：「我們的一生就是出差到地球，出差目的完成了，就回天家報告結果。」潛意識專家約瑟夫・墨菲說：「你天生就帶著自己的天資、才華、能

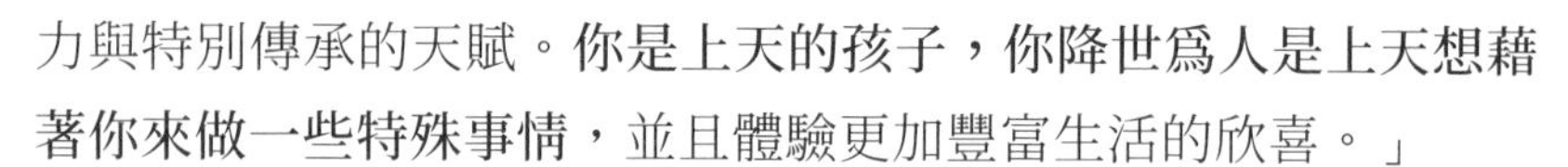

力與特別傳承的天賦。**你是上天的孩子，你降世爲人是上天想藉著你來做一些特殊事情**，並且體驗更加豐富生活的欣喜。」

如果你肯定自己出生是有價值，有目的，你容易產生自信勇敢態度，相信自己一定可以做到某些你想完成的事情，你可以在自己崗位上盡心盡力，無所畏懼面對挑戰；即使失敗，也想辦法站起來，只因爲要完成來地球目的。

當醫生、工程師或廚師或當家庭主婦，都是相信自己，相信自己是與生俱來的上天寶貝，冥冥之中都有好神保護眷顧與祝福，自己活著是很有價值的，對社會國家是有貢獻。在這樣自己出生是因特殊目的的思維下，會形成堅強意志，以20年或30年，甚至一輩子，追求自己心中崇高的理想抱負，勇敢歷經人生高山低谷世事的變遷。放眼各行各業的表現出色，應有心中有信仰：「我是上天寶貝，無所畏懼失敗，將開創無可限止美好的生活。」

相信永生

你若要不畏懼人生請相信永生。小時候未上小學階段常想起死亡，一想起100年後，人都會死，變成一堆白骨頭，想睡覺的我就睡不著。在青少年因背誦宋詞，過多傷春悲秋的詞句也在心靈形成悲觀思維：如紅樓夢作者曹雪芹所說，荒塚一堆草末了，青少年的我想到所有偉大英雄，美麗佳人及科學家、文學家、音樂家到最後還不是荒塚一堆草末了，歸於死亡歸於虛空。這樣悲觀思維就讓我精神世界很消極很落敗很頹廢，不知道人生活著目的是什麼。

後來，我在40多歲接觸基督信仰，就打破我對死亡的害怕，這個信仰帶給我是，當我走在眞理生命道路上，有神帶領我發揮自己的潛能，打一場美好的仗，因爲天上有美好的家等著我。這樣信仰讓我對失敗成功與生死的態度有很大轉捩點改變。因永生的思想紮根，我不因年紀增加，就不再追求人生崇高理想，反而以摩西奶奶70多歲才拿畫筆，歐嘉奶奶70多歲開始跑步拿金牌爲學習對象，在我50多歲拿畫筆畫畫與跑步，去追求更豐富人生經歷。

有人問一位名醫：「你是學科學的，你相信永生嗎？」

「我雖然沒有看見神，但我相信永生。到底眞的是否有永生，我也不敢斷定。但我寧可信其有，因這相信永生，帶給我是好處，是心裡對死後有美好的想像。如果沒有永生，我相信也沒有什麼損失；但是眞的有永生，那不是更好嗎，就回美好天上的家。」名醫如此回答。

現在美好生活就是永生。盡可能去追求更崇高自己，展現天才潛能卽活在永生裡。英國葉光明牧師說：

「『信的人有永生』，不是將來有，而是現在就有永生。永生不是等到死後的未來世界，而是現在就有永生。永生不是等到死後的未來世界，而是現在在我裡面就已經擁有了喜樂、眞實和實際的事物。」

永生就是現在心中一些美德展現：自我的肯定，服務人群，勇敢面對工作婚姻健康等問題挑戰。活在美好當下就是永生，就是天堂。

你畏懼人生嗎？倘若你心存相信你的出生是有目的，及有永生的信仰，雖然面對人生，還是害怕，會恐懼，會緊張的情緒，但是更多自信勇敢個性會產生，爲崇高理想奮鬥；打一場得勝的仗，成就更好自己。更多坦然自在面對死亡，去追求永恆的價值。

生命何其短也何其長，《你的無形力量》作者珍娜維弗・貝倫德（G enevieve Berend）說：

「**所以，做你自己就好。並用與生俱來的性格享受人生**。別害怕做你眞實自己，因爲你嚮往一切，也在等待你。」

我要祝福你：你是位勇敢堅強的人，令人讚賞！你所嚮往的美好人生正等你，歡迎你的到來。

Chapter 9

每個黑色錯誤背後
都有純潔的目的

每個錯誤背後都有更大的目的。
——米奇・艾爾邦（Mitch Albom），美國作家

我照鏡子，臉上長了一個黑色斑點。
是什麼時候長的？

是我們有斑點呢？
還是斑點裡面有我們呢？

是我看錯嗎？
看來這個世界是因為這些斑點而綻放光亮。

——《黑色斑點》作者鄭美珍，韓國作家

當你照鏡子，發現自己有黑色斑點，你會不滿意，會嚇一跳。你開始思考要不要去做整形手術去除掉？

後來又發現自己的鼻子長得不挺直，腿不夠修長；臉蛋長得不如林志玲，或你生長在貧窮家庭，沒有好的出身背景；或者明明你很注重養生，卻生起大病來；你自認你認眞工作，卻被侮辱被fire，回家吃自己……。

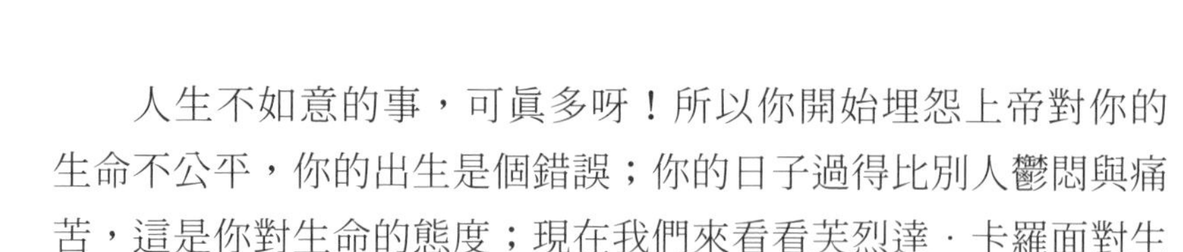

人生不如意的事，可眞多呀！所以你開始埋怨上帝對你的生命不公平，你的出生是個錯誤；你的日子過得比別人鬱悶與痛苦，這是你對生命的態度；現在我們來看看芙烈達．卡羅面對生命錯誤的態度。

芙烈達．卡羅是墨西哥的畫家，小時候得小兒麻痺症，在18歲那年發生嚴重車禍，造成她飽受身體疼痛折磨。得小兒麻痺症與嚴重車禍是個很大生命錯誤，她以畫畫與養動物來排遣身體苦痛的時光，莫妮卡．布朗在《芙烈達．卡蘿和她的動物們》寫著：

「生病的時候、身體疼痛的時候，芙烈達就畫畫。快樂的時候，芙烈達就畫畫。在那棟閃耀的藍房子裡，**芙烈達從來不曾眞正孤單一人，她擁有她的動物們，也擁有自己，而這些都被她畫進畫裡。**」

芙烈達．卡羅並沒有埋怨上帝在她生命黑色錯誤，她愛穿亮色衣服去豔麗周遭；**她並沒有自己因小兒麻痺症不喜歡自己，芙烈達以畫至少50張的「自畫像」聞名世界畫壇**，顯明她珍愛自己；她不去看自己小兒麻痺症的雙腿與無法到處旅遊的身體，卻欣賞自己的長得有特色的五官，並畫下來。

芙烈達．卡羅以繪畫來美麗自己的人生，以繪畫塗抹自己黑色的心情與身體因車禍留下斑痕，所有錯誤都被繽紛的色彩淹沒了，消失了。沒有人記住她的小兒痲痺症與車禍的身體的錯誤，卻花錢與時間到墨西哥的博物館，去參觀她去世後留下偉大巨作，油然升起女中豪傑，讚賞著。

當你對自己自身遭遇，從外表到工作到生病，感到痛苦憤怒

與沮喪時，你就告訴自己：

「我要如美國作家米奇．艾爾邦（Mitch Albom）說的：『每個錯誤背後都有更大的目的。』我一定要將所有錯誤化爲蒙大福的禮物。」

不埋怨上帝對自己的外表、生病或意外開玩笑，不詛咒打壓你的人，不批評這世界，你只有一件事就是努力向前，去實現心中的理想，奮鬥不懈，盡可能讓自己成功美麗。

芙烈達．卡羅以畫畫來綻放自己的生命，你可以以你的最愛回贈生命一連串錯誤。現在開始把自己看作偉大的人，心中有個英雄，這位英雄要開始純潔行動——種下錯誤斑點，復活是閃亮榮耀。

滿滿祝福你，你比自己想像中還要純潔，還要無可限量，你要起來讚美自己：這世界會因我化斑點爲美麗，更加崇高美麗。

Chapter 10

讚美自己：生命沒有退休兩個字

生命如果是江河，流啊流，從年輕到老，流進生命大海。
你可曾見到江河退休，從此不再流動？

生命如果是飛鳥，飛啊飛，從幼飛到老，直飛不動為止。
你可曾看飛鳥退休在巢，從此享清福？

生命如果是大樹，長啊長，從矮小到大，不停成長向上。
你可曾聽大樹要退休養老，從此停滯？

娜娜，你問我退休的意義。熱情的生命沒有退休兩個字。這是我的回答。

法律規定人滿60歲或65歲退休，那是人爲的，只是文字說明你在這個工作的權利與義務，你在這個目前崗位上已告一段落了。當你從法律目前工作崗位，以55歲，60歲或65歲，退休下來，以現在醫學發達，你是有機會有福氣活到90歲，甚至98歲。那麼這三四十年時間，倘若你沒有目標，生命裡沒有美夢，一天過一天，沒事做，表面是享清福，日子久了，你會覺得空虛，好像在等死而已。

韓基彩在他一篇文章〈你擁有熱情嗎？〉說：

「**擁有熱情是我們活著明證。**所謂過熱情的生活，就是心懷盼望與熱情過生活。沒有熱情的人，從生物學的角度來看是活著，但其屬靈上是死的。」

當你從工作崗位上在退休下來，若沒計畫沒有目標與學習新東西，是不是覺得一天好空虛，日子很難熬？有人開玩笑說，沒事做，胡思亂想，全身無力無精打采，等於在人間地獄；因適度忙碌是幸福，心中有美夢是年輕的。潛意識作家約瑟夫·墨非說：

「當你對生命失去興趣，不再擁抱夢想，不再渴求眞理，不再尋求新的領域去征服，你就會老去。聖經說：『你們年老的時候仍要結果子，經常保持茂盛清翠。』你是被需要的，許多偉大的哲學家、藝術家、科學家、作家等，都是八十歲過後，才完成畢生最大作品。

如果你已經從工作崗位退休，去做你一直想做的事，去學習新事物，探究新的想法。」

娜娜很棒，在你的孩子讀高中，先生忙碌他的成功事業，大學畢業的你，要邁進50歲的你，開始思考未來的夢想是什麼？你想追求偉大崇高的生命，如年輕時代那樣飛揚。尋找就尋見，叩門就開門，你可以不斷向自己提問，你生命還有什麼想要追求要實踐的使命？哪些是讓你興奮且如樹向上成長，然後看見整個星星天空？拿起筆盡量書寫，書寫就是思考，「我思故我在」，你不斷思考提問生命，適當時間，生命會回答你。

退休人在做什麼。從台大教授退休下來的齊邦媛，在80歲

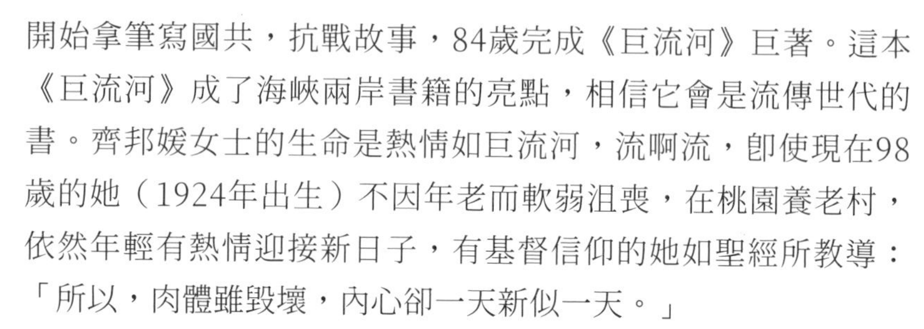

開始拿筆寫國共，抗戰故事，84歲完成《巨流河》巨著。這本《巨流河》成了海峽兩岸書籍的亮點，相信它會是流傳世代的書。齊邦媛女士的生命是熱情如巨流河，流啊流，即使現在98歲的她（1924年出生）不因年老而軟弱沮喪，在桃園養老村，依然年輕有熱情迎接新日子，有基督信仰的她如聖經所教導：「所以，肉體雖毀壞，內心卻一天新似一天。」

美國心靈作家露易絲・賀（Louise HAY）83歲時在《我是美好的》說：

「**我在任何年紀，都是有美麗、有力量的。把自己晚年歲月變成黃金歲月——在這道彩虹的盡頭都有一桶黃金。**我們知道寶藏就在那裡。

當我看著周遭孱弱、生病、恐懼的老人，我對自己說：『並不必然要這樣。』許多人都已經學會，改變想法：生命的晚年是人生珍貴日子，就可以改變生活。」

娜娜，你看！劉其偉在48歲從公務人員退休，就展開他到菲律賓、非洲的研究旅程。旅程之中，閒來畫幾筆，日積月累，十多年過後，成爲被讚賞的畫家，後來到大學教書，分享他的經驗於年輕的大學生，他的輝煌豐碩日子有50年，98歲劉其偉滿足寫意說再見，離開人世。

美國心靈學家露易絲・賀40多歲，丈夫外遇離婚，50多歲得了癌症，她展開一連串心靈的自我救贖與生命價值的追尋，來醫治心靈與肉體的創傷，後來果眞恢復身心靈健康。已經過了中年邁向晚年的她，充滿熱情倡導：「彩虹盡處是黃金的歲月」，創辦出版社出版心靈書籍，教人「如何創造生命奇蹟」與不管哪一個年齡階段，我是美好」的思考。她本身80多歲還在寫書出書，演講，並成立關心愛滋病的團體，有空還去學芭蕾舞蹈。她活到91歲（1926——2017），才美好優雅回到天上的家。

當然退休後，覺得經濟還是無法讓人生下半場無憂，還是可以再工作或創業。最明顯一個例子就是肯得基爺爺的故事。肯得基爺爺曾經參加越戰，在60歲退休。但他面對是不多退休俸，他沒有向政府抗議參加越戰軍人的退休俸少得可憐，他決定再工作。他想到媽媽的好吃炸雞是祖傳的，一定可以讓他賺到錢。

從60歲到65歲，他的炸雞事業完全是阻礙重重，沒錢途。已經退休的肯德基爺爺應該可以打退堂鼓了，從此靠少得可憐退休俸養老去。他不服輸也不服老，也不願在家享清福，就是努力嘗試，敲各樣機會大門，終於在65歲有餐廳願意給他試試看賣炸雞，結果從此平步星雲，一飛衝天，到80歲的肯德基爺爺已經是世界級非常有錢的成功人物，當然改變他本來清貧過人生下半場的命運。

熱情的生命是沒有退休兩個字。你的心智靈魂都永遠不會變老。古人說立功，立德，立言，你想在你在生命這趟旅程留下什麼？你今日所做，你的孩子及親友都在看，所謂生命感染生命。有人到90歲還在做生意，例如王永慶；有人想跑步就去跑步，例如美國的歐嘉奶奶從77歲才開始跑步，在95歲時，還破世界紀錄。有人想讀書就去讀書，**例如小說家金庸，80歲還去讀中文博士學位。**你覺得自己老了，你就會老；如果你覺得自己還有黃金歲月，還有美夢要追，你發覺崇高事與崇高人物都被你吸引，圍繞在你身旁。

娜娜，當我60歲準備出書，61歲要開畫展時，我的兒女都爲我開心，且以我爲榮，他們放心去打拼事業，去結婚建立家

庭。反之，我一天到晚吃喝玩樂，或恐懼年老，唉聲嘆氣憂鬱成症，將成為兒女或親友的很大負擔。生命就是這樣，不是向上或向下；如果手腦不好好使用，不閱讀不思考，以為65歲或75歲什麼都不用做，會容易得癡呆症，**因專家說：「沒使用的，就會萎縮。」**

熱情生命是沒有退休兩個字。熱情的生命來到這個世界是有使命，不但讓自己的潛力充分展現出來，且成為點燃家族生命的明燈。那位歷經納粹可怕3年的集中營的猶太裔心理學家法蘭克說：

「**每個人都有自己的特殊天職或使命，而此使命是需要具體實現的**。他的生命無法重覆，也不可取代。所以每個人都是獨特的，也只有他具特殊機遇去完成其獨特的天賦使命。」

如果從前你已經成功在某些事業，值得恭喜，那還是可以繼續另一個使命，如創辦台積電張忠謀，事業很成功，87歲退休的他，現在還有一個崇高的使命：書寫自己的回憶錄。**如果你覺得前半生很失敗一事無成，那麼即使現在70歲，你還是可以東山再起，努力再努力，你的使命就是將失敗變成功**。當你經濟無憂時，可以投入寫作畫畫音樂或慈善事業，或走進教會認識一個新信仰，你將會認識一群心中有愛的心靈朋友……；這些美好選擇都成為生命彩虹顏色。這樣的你，很自信讚美自己：生命沒有退休兩個字。

十八世紀的詩人柯柏說：「唯有為了一個目的而揮霍自己生命，才能得到眞正的幸福。」祝福娜娜，每天都讚美自己：生命沒有退休兩個字，生命如江河往前。（2022/06/10）

Memo

你很棒，請讚美自己

Chapter 11

讚美自己：有一萬個希望

你要有把壞牌打到好牌的贏家精神。

——艾森豪，美國前總統

家住北投。離新北投溫泉旅遊勝地很近，跑步10分鐘內就到了。一星期會選擇一天或二天去那兒跑步。當新冠肺炎從去年全球性蔓延時，首當其衝就是那些靠觀光旅客的溫泉飯店。當觀光客沒來，光是維護就是一筆可觀費用。

當我走在昔日人來人往的新北投的街上，我再也遇不見日本人、韓國人或新加坡人。我想起聖經約瑟當宰相，他說人要永遠預備未來；因人生有7個豐年，也有7個荒年。飯店經營與人生經營都是如此，在自己有能力賺大錢時，要養成儲蓄習慣，讓自己有存款備不時之需。

古人說；「人無千日好，花無百日紅」很多患難無法意料，在2019年的你我，有誰會料到在2020年的2月會爆發世界級的瘟疫？當公司大賺錢時，也不是全部拿來擴張規模；個人在年輕力壯賺來錢也不是全部花掉，這是自己眼看新北投冷冷清清街道的體悟。

在談到新冠肺炎色變的時候，你有一萬個希望嗎？《祕密》這本書算在台灣很受歡迎。《祕密》其中有個故事讓我印象很深刻：

「一位從醫師口中知道自己乳癌的凱西女士，決定不服輸，要笑容面對自己的乳癌。她三個月都強迫自己大笑，看好笑好玩的影片。三個月後她恢復健康了。」

以大笑面對自己乳癌，標準樂觀主義，以其埋怨上天流淚度日，倒不如笑容以對。聖經云：「喜樂之心是良藥，憂傷的靈使骨枯乾。」（箴言17：22）因新冠肺炎宅在家中，不憂悶，不煩燥，面對鏡子，沒有大笑，也要和藹可親，讓自己內心保持在平和與希望裡。

今日閱讀荒漠甘泉：「正如牢獄中的保羅，生活頂苦，他可以不必喜樂了。然而他不僅自己喜樂，還叫別人喜樂。」你宅在家中笑容滿面，同時吩咐跟你宅在家裡的家人，充滿希望笑容，家裡不是牢獄，是未來更好的希望城堡。

宅在家中，就是看好書的好機會。也許你平日有夠忙碌，國事工作事與家事把你忙得團團轉，你買來的好書早已沾了不少幾層灰。現在無法出遠門，所有報導明智之舉救台灣：你別出門。若你要救台灣，除了別出門外，還要讀好書，淨化心靈，提昇心靈。

美國思想家查理斯．哈尼爾（Charls e Haanell）說：「**透過文字，人類可以與歷代最偉大作家和思想家交談。**偉人之所以偉大，乃在於他們擁有偉大的思想。」站在偉人巨肩上，才能看穿新冠肺炎被打敗的鏡頭。否則光是網路蜂擁而來的訊息，早就讓你膽怯軟弱，充滿疾病的陰影。

最近這三天都在閱讀查理斯．哈尼爾所寫《百年不變的致富祕密》，我分享他的思想亮光：

★**健康飲食，多喝白開水，少喝飲料，多多運動，就能延長壽命嗎？其實還配合內心正能量，才能洋溢青春活力。**所以要學會關上大門，不讓消極思想，負面事物進入你內心。人能對人類有始以來的優秀思想進行研習，就一定會獲得至高的享受。

★愛默生熱愛一切好東西，他的一生就是一首寧靜和諧的交響樂。而卡萊爾憎恨一切壞東西，他的一生便是一部永遠吵雜不寧的紀錄。

★如果你希望消除恐懼，那麼就把意念集中在勇氣上。
如果你希望消除匱乏，那麼意念集中在富足上。
如果你要消除疾病，那麼就把意念集中在健康上。

花了三天時間讀一本好書，心中洋溢清晰的夢想與希望，在文字亮光中，很明顯在我眼眸閃現。在讀好書時，「台灣確診人數，一些慌亂畫面，負面報導」，我選擇不去注意；我注意偉大思考。我關心台灣，想幫助台灣，那麼我先讓自己充滿正能量，充滿希望。

我很喜歡美國總統艾森豪的「要把壞牌打到好牌的哲學。」這個充滿頑強不服輸的精神是得自他的母親教導。一日，艾森豪與家人打牌。結果，他拿到是壞牌。在打牌時，他一直抱怨，運氣眞背（眞差）。**她的母親放下牌，很嚴肅告訴他：「不要抱怨拿到壞牌，要有把壞牌打到好牌的贏家精神。」**

艾森豪總統以母親「要把壞牌打到好牌」的精神，運用在第二次世界大戰率領盟軍，以智慧戰勝德軍，成功在諾曼地登陸。他的壞牌打到好牌的英雄作風，成了結束希特勒時代的靈魂人物，帶來無比的世世代代的光明影響力。

第二次世界大戰之慘烈，想一想你敬佩人物，他們是如何面對困難？每個時代，都有每個時代的危機，若是新冠肺炎是21世紀的危機，你一定有無限能力，有聰明與謀略去因應，脫困而出，成爲這場危機的贏家。你想起的二世界大戰的流離失所，在對照你目前宅在家裡，請不要唉聲嘆氣，埋怨東埋怨西，好好去計劃你的一萬個希望的未來。

英國文學家查爾斯．狄更斯說：「這是最好的時代，也是最壞的時代。……是充滿希望的春天，也是令人絕望冬天。」新冠肺炎對你的考驗：是希望的春天，還是絕望的冬天？若你心中感到絕望，想要哭；甚至要起來大罵這是什麼鬼時代或政府多麼無能；請你勒住你嘴巴，大聲宣告：

「**這是最好時代，是我重新得力的時刻；我很優秀，心中有一萬個希望**。每天我努力學習，白天不懶惰睡覺，不聊八卦不看負面消息；我努力閱讀好書，增加偉大思考。我加強我要加強部分，例如英文。我放鬆唱歌，讓自己充滿喜樂的心。我耐心等候新冠疫情得以控制。讓我在這段艱難時光，爲家人、朋友與國家祈禱，希望他們很健康很平安很蒙福。讓未來的自己喜歡現在很認眞很努力的自己。我優秀，是家庭中的希望；朋友間的希望，更是國家的祝福者。」

當你常常這樣宣告，保證你越來越有希望，笑口常開；這是我每天在新冠肺炎期間的宣告，分享於你；我也深信你靜下心閱讀這篇文章的你，你是個自我超越的人，心中有一萬個希望；好好讚美自己。（2021/06/01）

Chapter 12

讚美自己：每天有意義發光

生命一旦浪費將無法彌補。不論過去怎樣失敗，只要下定決心：充分利用好今天，成功日子一定會來。

——奧里森·斯威特·馬登（Orison Swette Marden），美國成功學作家

藝人黃鴻昇在於家中猝世（2020/09/16），只有36歲啊，當我兒子告訴我，我直呼不可能。我雖然很少看電視，印象中有看他所演的電影及一些對他陽光男孩的好評報導。藝人黃鴻升所住的奇岩生態社區，離我住家只有兩分鐘的路程，我一週有5天會在綠意盎然的美麗社區跑步或散步。「黃鴻升36歲猝世」令人感到生命無常，心頭就是難過不捨。

黃鴻升36歲猝世，讓人想到聖經得話：「耶和華啊，求你叫我曉得我身之終，我的壽數幾何？叫我知道我的生命不長！」（詩篇39：4）面對生命無常，很多智慧人開始思考自己的人生如何過比較有意義價值。美國成功學家奧里森．斯威特．馬登（Orison Swette Marden）說：「生命一旦浪費將無法彌補。不論過去怎樣失敗，只要下定決心：充分利用好今天，成功日子一定會來。」每個人的出生都是有意義的；都會發光的。

每次我散步時，看見從我旁邊走過的新生兒父母，父親或母親看著手中新生兒那樣喜悅，那樣驕傲；我知道每個人是父母眼

中的至寶，那樣被看重被栽培。你我都是在這樣至寶中長大成人的。**我們不管我們幾歲離開人間，但珍惜每一天，永遠忙有益的事，是面對有限生命的有責任態度。**

藝人黃鴻升算是一位很努力耕耘的藝人，在36歲的時間就爲自己買下四千多萬的豪宅（當然有貸款，不過很厲害有本事），他個人事業有演電影與電視的作品，讓人看得見他的卓越有成的展現。我們人的一生都是無數今天堆積而成的，你一生是無數今天努力的結果，如何讓每天有意義發光？茲提出2個建議：

寫生涯規畫書

有人說，既然生命無常，我不知什麼時候死去，那就今朝有酒今朝醉，反正都是死——這是有些人的態度。但很多積極的人都有如此的信念：

「**每一天都是一年中最棒的一天**；每天都是最華麗的一天；每一天都是魅力無窮的一天。**讓那些頹廢、怠惰、懶散的影子見鬼去。**」（美國思想家愛默生）

要讓每一天有意義發光，成爲最棒的一天，就請下寫下生涯規畫書，今年要完成哪些自我突破目標；3到5年的目標；6到10年目標。由於有了生涯規劃書的導引，你會開始在每天做具體規劃，要活在當下，把握每天的時間。

書寫有名詩歌〈再別康橋〉的徐志摩，他寫新詩在他所處時代，是一個優秀導師，很多文人都受他的新詩其影響。他的文學

才華及發表都是他努力經營的。徐志摩對於每天要做什麼事都列出來，讓自己完成做到。所以在徐志摩36歲因搭機失事，至今他寫的再別康橋，依然傳唱，這是生涯規畫的重要。

所有企業界都會列出年度目標與達成具體細節規畫，讓員工朝目標努力，這算是公司生涯規劃書。公司要成功生存，個人也是如此。不要認爲寫生涯規畫是年輕人的事，不管你幾歲，做什麼工作，即使是家庭主婦或待業中或退休人士，都要寫生涯規畫書。先列出大目標，然後分配到每天中去執行。由於你心中有目標要完成，日子就會很忙碌有光亮在前，你就無暇顧及過去傷心事，驚喜現在的新生命。

我自己曾經遇到令人難堪的事，在今年（2020年）在臉書成立【心靈甘露專欄】，當我寫下生涯規畫書：每星期一、三、五要發表心靈勵志文章，有了這個具體目標，持續5過多月，就寫了超過10萬個字。有了寫作具體目標，每一天都覺得自己過得有意義發光，我忘記過去錯誤與悲傷，甚至自己的中年年齡，我保持永遠25歲年輕，在努力光芒中前進心靈勵志作家路上。

目標追蹤幫助你維持目標

你今天目標是什麼？每天醒過來就宣告：自己今天要達成的目標。每天有目標，你就不會大白天睡覺或三更半夜還在追連續劇。你會努力「撥打業務拜訪電話，你就會累積一天耀眼的客戶名單。你會持續健身的連續紀錄，你就會比預期練出好身材；你會持續創作，你就會有印象深刻的作品。」（美國作家詹姆斯．克利爾說）今天目標帶動你生涯規畫書上的大目標，讓你有強烈動機去執行且連續做下去。

想要讓每天有意義發光是一個好習慣，你每天養成好習慣追蹤；幫助你維持習慣；目標追蹤幫助你維持目標。班傑明．富蘭克林是美國文學家，也是發明家，他一生成就令人讚嘆無比。班傑明．富蘭克林是位典型「目標追蹤幫助你維持目標」的偉人：

他在20歲開始隨身帶著一本小冊子，追蹤自己生涯規畫書列出13項要培養的美德，這13項美德分述如下：

1. 節制：飲食不過飽，喝酒不過量。
2. 緘默：言談對人對己有益，避免言不及義的贅語。
3. 秩序：物品各歸其位，事情各按其時。
4. 決心：下定決心動手做該做的事情，一旦做了就要堅持不懈。
5. 儉省：任何一筆花費都要對人或對己有益，切忌浪費。
6. 勤奮：珍惜時間，忙於有益之事，戒除一切無謂之舉。
7. 誠信：不害人、不欺騙，思想坦蕩、公正，說話有憑有據。
8. 正義：凡事絕不損人利己，並且履行應盡的義務。
9. 中庸：避免走極端，且解冤仇。
10. 清潔：身體、衣服和住所力求整齊乾淨。
11. 平靜：不可爲了瑣事、日常事或難免會有的突發狀況而心煩意亂。
12. 貞潔：除非爲了健康或繁衍後代，否則應該節欲，以免損人損己的平靜與名譽。
13. 謙虛（Humility）：效法耶穌（Jesus）和蘇格拉底（Socrates）。

這位既是文學家又是發明家，每天有明確目標外，**富蘭克林要讓這13項美德成爲他每天生活的好習慣，他每天在就寢之前會打開冊子，記錄自己進步的程度。**由於他不斷追蹤自己的目標，在每天以好的品德來執行。這樣追蹤就是一種自我反省，自我督促，持續在每天做，天天如此，幾年下來，就如黎明之光，照耀自己生命；幾十年發光，就成了照亮別人的太陽。

你比自己想像還要好一千倍，身上蘊藏著點亮整個城市的光能。當你讚美自己：每天有意義發光；因爲你讀到中國思想家莊子說：「吾生也有涯，而知也無涯」，在人生你寫下生涯規劃書，然後你如成功人物富蘭克林目標追蹤目標，就是要成長爲更好的人。相信每天於你自己，無論風雨或晴朗，每天都有意義發光。

Chapter 13

讚美自己：熱愛工作

工作勞動，就像是『治百病的良藥』一樣，縱使是人生的試煉或是逆境都能一一克服。

——稻盛和夫，日本企業家

這波新冠狀病毒來勢非常凶猛，避免人與人之間接觸傳染，很多國家命令關店/關學校，很多人被迫在家賦閒；也有企業撐不下去，大幅裁員或放無薪假。

網路報導有一位泰國飛機技師，因很多人不敢旅遊，航空公司爲了生存就讓他放「無薪假」，他說，生活都毀了，爲了太太與孩子的經濟，他改行做冷氣清潔工作。「**懶惰人羨慕，卻無所得，殷勤的人必得豐裕。**」（箴言13：4）我對他這位年輕飛機技師頗讚賞，能屈能伸，就是要勤奮工作來度過家庭經濟的難關。年輕技師是個殷勤的人，相信這波疫情過後，這位飛機技師再重返飛行工作，必然完全全力以赴；因只有失去所愛，方能珍惜失而復得的愛——工作。

日本企業家稻盛和夫因兒時家裡窮，他體悟唯有勤奮工作才能脫貧。他一生對於工作看法是：「唯有喜歡工作，熱愛工作的人，才能成功。」事實上，每一件工作都是神聖的，都可創造出生命的價值，端看個人如何去對待自己工作罷了。」稻盛和夫說：

「工作勞動，就像是『治百病的良藥』一樣，縱使是人生的試煉或是逆境都能一一克服。**藉由不斷付出不輸給任何人努力，熱情忘我地投身工作，命運的大門一定也會為我們敞開。**」

好好讚美工作，人一生為工作忙碌是一大福氣。「活動之中的休閒是工作，大海的寧靜湧動於波濤之中。」（泰戈爾詩人說）人生即使到了80多歲還是要有事忙碌，才不容易生病，且如生活大海的寧靜在於如波濤的忙碌裡；過度休閒等於過度安逸就是等死。所以沒有工作，再找一個工作；從工作退休了，再培養一個或兩個、三個正當興趣（當志工、寫作畫畫、新技能做新事等等）為心靈工作。

有一位教會弟兄，當他50歲從工作退休後就開始在教會志願的服務，他告訴我說，他做得很快樂很有意義很充實。美國總統卡特做了4年總統後，選擇每年到美國與全世界各地為窮人蓋房子，快樂當義工。他風塵僕僕奔波忙碌為窮人有個家園努力，還曾經中暑。後來，卡特總統獲頒「和平獎」。所以人生的工作沒有退休兩個字。

「如果你覺得目前工作並不合適你，**請不要急著換工作，最好的方式就是先讓自己成長。**」（華勒思．華特斯（Wallace Wattles，美國心靈作家）

筆者以前不明白這個道理，經過長期想求新求變的經驗，才明白每一種工作都有其優勢與劣勢，天下沒有完美的工作；工作只是平台，若是你有不斷成長，你仍在不完善的工作環境中，仍然可以讓人看見你的卓越。古人云：「滾石不生苔」，好好在一個工作磨練5年吧。

人最怕的是「無事可做」，那種日子覺得漫長，心靈很空虛，久了自然容易生病。所以熱愛工作等於熱愛生活，熱愛生活的人，**工作適當忙碌讓他覺得自己有用**，這種有用自信感會提高免疫力，非常健康充滿年輕活力。你若不想「生活被毀了，過得病懨懨的」，那就找事做吧！

當你每天起床時，就讚美自己：熱愛工作。祝福你：熱愛工作，發揮用不完的潛能；成爲有貢獻的人。

Chapter 14

恐慌時，讚美自己：我是幸運兒

生活一團糟的人，自認為病得嚴重的人，你可選擇丟掉生命負面的概念。重新告訴自己，你是一個值得被愛的人。

——露易絲・賀（Louise L. Hay），美國心靈作家

在這21世紀的時候，「恐慌不安」常襲上心頭。退休了沒事做，太多時間恐慌；新冠病毒全球擴散，「我會不會得到新冠狀肺炎而恐慌」。很多意外事頻傳，我會不會出門遭到意外而恐慌。外遇是常被報導，我的先生會不會背叛我而恐慌。這世界那麼多災難，死亡好像那麼近，心恐慌。年紀大的人，想起要面對死亡，不禁哭起來，這也是恐慌。

「這又醜陋、又乾瘦的七隻母牛，吃盡了那美好又肥壯的七隻母牛。」（創世紀41：7）。一位朋友的朋友日前來到我們教會小組。她心裡一片恐慌，非常不安。我們問明原因：丈夫外遇，加上新冠狀病毒疫情期間，逛街買衣服的人變少，她所賣的高檔衣服都賣不出去，而且店租又那麼貴要付，經濟也陷入危機。她以前生意很好，現在卻匱乏且家庭一片淩亂，在雙重的折磨下，她睡得不安穩，心憂悶愁苦，恐慌極了。

「你恐慌嗎？」答案是的話，你也不要覺得沒面子，因爲我們不是神，每個人都有軟弱脆弱的一面，只有去面對解決內在問題，才是追求成長的人。如何面對內在恐慌：每天你都要大聲宣

告自己的願望，你會做得到的。

心靈作家露易絲·賀（Louise L. Hay）在《創造生命的力量》說：

「生活一團糟的人，自認爲病得嚴重的人，**你可選擇丟掉生命負面的概念。重新告訴自己，你是一個值得被愛的人**；你的心可以痊癒；而且物質上的基本需求也可以得到滿足，讓你無後顧之憂。」

當你很痛苦，你就宣告：你很快樂。你生嚴重的病，你就宣告：你健康長壽。你擔憂先生外遇，你就宣告：白首偕老。你貧窮缺乏，你就宣告：有錢富足。讓創造性言語成爲你的願景，成爲你努力以赴的目標。相信自己人生結局是成功幸福，極度恐懼，也因信念而壯大。

你害怕疾病，那是因爲你相信你可能接觸到它；你害怕孤單和貧窮，那是因爲你相信你可能會變成那樣。「人是思想的結果。思想是有吸引力的，所以你要相信你的無形力量，你的一切就是最美好的事物，物以類聚。」珍娜維弗·貝倫德在《你的無形力量》如此說。

泰戈爾詩人說：「我們誤讀了世界，倒說世界欺騙我們。」世界本有光明與黑暗，無論發生什麼事，**相信自己是幸運兒，縱有百難會存活下去。熬過危機後，就是轉機**。咒詛就成爲祝福，失敗另一面就是成功。貧窮走了，富貴來了。反正你的人生最後結局是成功幸福的，想到這樣，就會有甜蜜且充沛的力量來扭轉現實乾坤。

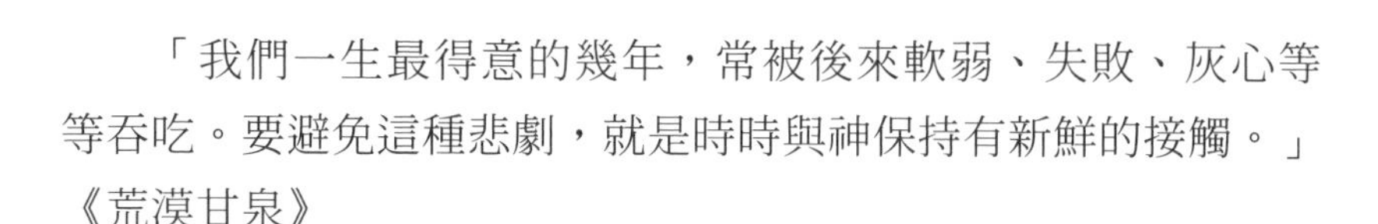

「我們一生最得意的幾年，常被後來軟弱、失敗、灰心等等吞吃。要避免這種悲劇，就是時時與神保持有新鮮的接觸。」《荒漠甘泉》

我的姊妹也是因丈夫外遇，因走進教會，獲得站起來力量。在她經濟獨立時，丈夫又回來找她。剛才提到那位丈夫外遇而衣服賣不出去心恐慌的婦人，因接觸我們這些教會姊妹，心裡得到安慰鼓勵。

相信好神的存在。這次全球新冠狀病毒疫情期間，很多人祈禱，很多選擇相信有上帝的愛與救恩，所以有全國禱告日，相信宇宙間眞的有無形力量，有好神的存在。

台灣藝人紀寶如出了一本書《逆轉勝》，她生命轉捩點也是走進教會，相信有好神存在，所有過往負面悲觀自卑的思想，才能被洗刷掉成爲正面思考的新人。相信有好神在保護她，心很安穩；相信有好神會祝福她，心有盼望。

當你恐慌時，用正面言語宣告，讓正面話語成爲大軍，打敗恐慌。好好讚美自己有很多優點，包括端正的外表，擁有好的父母，有很多貴人；然後信心無比宣告：我是幸運兒，最好一切，正在不遠處向我招手微笑。

Chapter 15

讚美自己：認眞生活，追求永恆價值

他們做著好事，他們因為傑出的工作而富足，並且他們將這些分享給別人，與朋友交流。為了以後的日子，積存一些好的基礎，他們將獲得永恆的人。

——羅伯特．柯里爾（Robert Collier），美國作家

昨日是2021年5月3日，我參加娘家鄉下鄰居堂哥蔣金榜的告別式。

在他71歲的一生，學歷是彰化高工肄業，每天清晨四五點就到田間工作，有一兩甲土地要他去灑種鋤草耕耘；白天在學校當工友，將學校事務做得讓人放120個的心，修剪學校的大樹有獨特造型，他認眞付出他的所有，撐起一個繁茂興盛的家；鄰居稱讚他認眞打拼，個性超好的老實人。他留給他的子孫榜樣：腳踏實地，認眞做事的永恆身影。

生命不在乎長短，在乎它永恆價值。當你追求永恆價值，你會像美國作家羅伯特．柯里爾（Robert Collier）說：「他們做著好事，他們因爲傑出的工作而富足，並且他們將這些分享給別人，與朋友交流。爲了以後的日子，積存一些好的基礎，他們將獲得永恆的人。」當你不再渾渾噩噩一天過一天，認眞思考你爲何活著，你的生命意義時，你心中的巨人打開明亮眼睛看見偉大目標，你會選擇三種態度來追求永恆價值：

遇到很大生命災難不會自殺

中國大陸的文化大革命時，鄧小平這位中國偉大政治家，曾被紅衛兵命令下跪嘲笑，多少知識分子在這場文化大革命中遭到百般侮辱而自殺（鄧小平的弟弟選擇自殺），鄧小平忍耐這場歷史性災難，因他生命中是爲謀求廣大人民更好生活，這是他追求永恆價值，若是自殺，如何去完成年少所立下的大志呢？

鄧小平有追求永恆生命意義與價值感，使他歷經三次貶謫痛苦，在約75歲高齡，在1979年提出中國共產主義下「經濟改革」，這是偉大的創舉，史無前例，鄧小平決定放手一搏，爲了實踐心中的夢：要與廣大人民在一起，爲他們脫貧，創造富有的未來。歷經全國上下的40年努力，中國崛起了，成爲世界的經濟大國了。

若鄧小平在文化大革命選擇自殺，爲了維持他的高貴身分與高貴自尊，可能中國歷史就改寫了。

灑下愛的種子，生養眾多

「他使我的靈魂甦醒，爲自己的名引導我走義路。」（詩篇23：3）當一個人靈魂甦醒，思考永恆價值時，他若是選擇結婚，他對家庭有愛，因愛有龐大的責任感，督促他要成爲子女的標竿，不管是在立德立功立言上，他著眼是子子孫孫的傳家之寶，他希望藉著他在生命長河的一棒，將「生養眾多」傳承下去，讓一代比一代強，就因這樣使命感，我們世界才如此不斷進步榮興盛。

即使他沒有生育沒有後代，他在靈性上生養眾多。例如靈糧堂劉群茂牧師與丁家蘊師母沒有後代，卻擁有四千多人的教會，他們的牧會感動多少個迷失靈魂，興起世代發光，他們影響是四千多人的靈魂，而這四千多人再去影響人，好生養衆多，生生不息的影響力，劉牧師不只在靈性生養衆多；在永恆價值上有很大分量啊！

認真生活，化剎那永恆

生命是無常的，沒有人能夠預測自己活多久，即使我們無法掌握明天，卻可以把握今天。將每一天看做最後一天，那樣珍惜光陰，認眞生活。若工作時，就盡最大心力將手中工作做到超乎主管所求所想，有超越報酬的工作態度。

當你認眞生活時，對於每天有計畫，以行動加以實踐，且做到如中國聖人說的：「吾日三省吾身：爲人謀不忠乎？與朋友交不信乎？傳不習乎？」每天認眞生活，日日認眞，這份認眞生活態度，將感動天地，於永恆價值有份。

每天的成功是超越眼前的困頓失敗，追求永恆價值。以一千多年前宋朝蘇東坡三次被貶官到偏鄉地方，他不被現實失意打敗，反而在每天在窮鄉僻壤中，珍惜時間創作，將自己潛能——寫作才華展現出來，以剎那認眞創作去追求永恆價值；好一個蘇東坡，大江東去，浪濤盡，一千年過了，我們還在讀他的詞：

料峭春風吹酒醒，微冷，山頭斜照卻相迎。
回首向來蕭瑟處，歸去，也無風雨也無晴。

一位追求永恆價值的人，即使平凡父母親，死後留給後代子孫是德行，認眞生活的榜樣，如我在本文前面提到鄉下鄰居的堂哥，認眞耕耘每天，勤奮一生，留給人就是「前人種樹，後人乘涼」的生命價值。

祝福你：每天讚美自己：認眞生活，化剎那爲永恆。

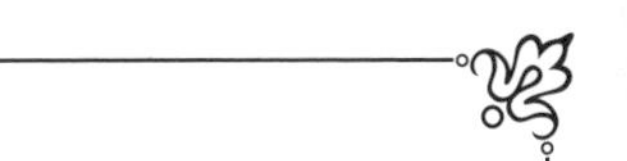

Chapter 16

讚美自己：追求幸福的婚姻

真正愛情是為自己愛的人帶來幸福。婚姻就像做生意，你想賺得快樂，就必須努力經營。

——羅伯特・柯里爾（Robert Collier），美國作家

我一向讚美幸福的婚姻，那是一幅值得永恆典藏的圖畫，做爲傳家之寶。子子孫孫因這個「傳家之寶」成爲蒙福的人，同時是偉大人物的珍藏童年。

那年遇見年紀比我小很多很多歲的甜美貼心的香香，兩人個性有些相契，很快，我們成爲同性好朋友，無所不談。成爲好朋友後，我發現香香是位不婚主義，正確說是得了「恐婚症」。

我問香香爲什麼她會排斥婚姻。她告訴我說，她有很多長輩嫁得不好，過得很苦，所以常常以過來人身分勸她，「一個人過就好。一人飽，全家飽。」香香就這樣在她的長輩們多年影響下，自然成爲拒婚一族了。

直到香香遇見我，在我常常分享自己婚姻觀後，終於一兩年後，她受到我的婚姻觀——幸福婚姻是人生偉大夢想，值得一生追求。現在，香香接受我的祝福，若有機會遇見合適的男士，她是願意走進婚姻的。

我現在分享我對我的香香好友分享，爲什麼幸福婚姻是值得一生追求的人生大夢：

幸福的婚姻是人生的大夢

香香，人生夢想有很多，所有夢想因熱情追求帶來精采豐富的人生。幸福的婚姻是我的偉大夢想。我從小看見辛苦種田父母爲栽培兒女讀書，爲錢不足爭吵，還有兩人意見不同大吵，在國小四年級的我，都會站在中間勸架，小小年級還會對爭吵父母說：「家和萬事興」之類的話。

後來看見自己親戚嫁不好，過得很辛苦很勞碌，且常常擔心先生是否有外遇……。那時我看了很多童話故事，每則童話最後結局：「從此王子公主過得幸福快樂的日子」，現實環境與童話故事中結局完全不同，不過國小年紀的我就立志：「我要像童話故事中的結局：擁有愛我的王子（丈夫），**他不會跟我大吵；不會外遇；我要擁有幸福的婚姻。**」

幸福婚姻的追求就是我的偉大夢想，所以當我28歲面臨是否繼續追尋我的出國夢想；學心理諮商的我，當時已經開始懂得生涯規畫了，還是在適婚年齡結婚吧！婚姻是值得追尋；出國夢想先放在後面。就這樣我就在適婚年齡結婚了，去實踐年少立下的大夢。

香香，當蔣姐姐去實踐心中大夢——幸福婚姻的追求，「所謂祈求必實現，叩門必開門，心向上天祈求，讓你遇見合適自己的對象，只要你不過分奢求，心誠會感動天。」上天會幫助你達成你的心願；所以，香香不要看見別人破碎婚姻，而不敢結婚，告訴自己：我願意勇敢去追求幸福的婚姻。

幸福婚姻讓你有伴面對人生風雨

人生旅程有陽光有風雨。在陽光下，「兩個人總比一個人好，因爲二人勞碌，可得美好的酬報。」（聖經中傳道書4:9）。

在風雨中，一人撐傘多麼孤寒薄弱，萬一生病，還要一人慌張面對；若在風雨中，兩人共同撐傘牽手度過，多麼溫暖多麼有力量，萬一受風寒，還有人帶你去看醫生。

香香，美國布希總統娶了一位賢德太太，有幸福婚姻。在幸福婚姻栽培另一個小布希總統，一個家庭出了二個總統眞偉大。所以幸福婚姻眞的是人生大夢，除了有伴一起品嚐人生甘苦，而且還可以成爲夢想的搖籃地方，栽培優秀的後裔。

不受爸媽破碎婚姻影響的例子，有英國的威廉王子的婚姻故事。威廉王子爸爸外遇，母親安娜王妃很不快樂，後來車禍去世；但安娜王妃長子威廉王子追求幸福婚姻，來扭轉上一代愛情的悲劇。威廉王子的努力追求，他與凱特結婚了，有3個小孩。他們甜蜜家庭的畫面常在英國人眼中出現，大家都喜歡威廉王子與凱特王妃努力經營幸福婚姻。因此，香香不要受到長輩破碎婚姻的影響，要勇敢去追夢——幸福的婚姻。

香香，祝福自己：一定會遇到合適的對象。當你結婚時，記得每天都要讚美丈夫，讓丈夫感受到被太太尊重與賞識。不要在別人或娘家人面前，批評丈夫，這不是一個有才德婦女做的，這會讓妳的先生抬不起頭來的，對婚姻有很大的殺傷力的。香香，婚姻最重要是「不外遇」，遵守愛情的盟約，彼此承諾在生命中每一天都要相愛，一起甜蜜歡喜；一起患難與共。

「眞正愛情是爲自己愛的人帶來幸福。婚姻就像做生意，你想賺得快樂，就必須努力經營。」——羅伯特．柯里爾（Robert Collier）（美國企業作家）如此說。是的，婚姻是要努力的經營。當一個人讚美自己：願意追求幸福的婚姻，我想這讚美的話語如幸福花綻放，吸引對的人，喜事的祝福。

最後，祝福香香，早日找到對的人，一起建造幸福的家。

Chapter 17
讚美一位愛的領袖

領導者要以高尚的人格來感召他人。

——洛克菲勒，美國企業家

我覺得自己是很幸運的人，生命中遇見很多貴人，讓我生命溢滿希望的光芒。

一直找不到生命答案，從小對於人活在這個世界，有何價值感到十分迷惘，即使我出國拿到碩士學位，仍活在困惑當中。

遇見錦珠姊，這位教會小組長向我傳福音。她了解我剛硬的個性，尤其我有民間的信仰加上文學浪漫的個性，要我信主簡直比登天還要難。錦珠姊就是耐性寬容等候。她開放她漂亮寬敞的家，讓十幾位姊妹到每週她家聚會。在寬大客廳與空中花園，享受聖經的教導。多麼美麗的心靈饗宴呀。

「領導者要以高尚的人格來感召他人。」（洛克菲勒，美國企業家），錦珠姊有高尚的品格，吸引很多姊妹。

每次小組聚會，當錦珠姊說話時，小組姊妹永遠如衆星拱月，向著錦珠姊。**姊妹們對於這位經濟無憂富足的小組長，永遠那麼慷慨給予付出不求回報，我們都想對她說謝謝之類的話語。**在錦珠姊家外面的美麗空花園裡，有多少姊妹感受到生活的美

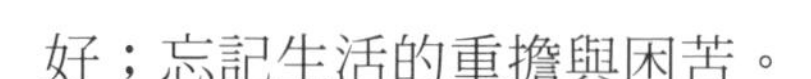

好；忘記生活的重擔與困苦。

錦珠姊家的空中花園的盛開花朵愉悅地散播眞理之美，人性的芬芳；姊妹們在她美麗的家聚會，幸福的滋味溢滿心頭，帶著幸福花朵回自己的家。

每次我聚會回來，心靈的富足美麗如她家的富足美麗；感謝她開放她的家，讓我們去聚會，和人群有緊密的相連，不再孤單一人；如「烏班圖（Ubantu）一詞，來自非洲南部的班圖語，意思是『**和他人緊緊相連，密不可分；我的存在是因爲大家的存在。**』」

人類若因自私，就無法感受到眞正的幸福。」（李在基，《改變我生命的美麗問號》），由於錦珠姊的不自私，在這一年多小組日子，我才重新感到與人連結的幸福。這種幸福感至少一年多，直到她要出國。

錦珠姊如一位大姊，永遠在電話一端耐性回答你的問題，你如在春風的小花，訴說你的風風雨雨。由於她的耐性在眞理彼端等候我，我終於在人生低谷時，想錦珠姊分享耶穌的愛與她本身散發耶穌的愛，所以我終於在她分享耶穌多年後受洗了。

感謝錦珠姊耐心等候這位迷失的小羊，終於找到心靈的家了。我們至今保持20多年的情誼。

最後以〈你的愛〉表達對愛的領袖的感謝。

〈你的愛〉

你的愛
穿越自私
粉碎冷漠

如一道清泉
溫潤孤獨的心

你的愛
傾聽悲傷
令人歡喜
如一道彩虹
打開美善的門

你的愛
照亮雲霧
在和風中
是聖潔歌兒
唱醒已死的夢

Chapter 18
我很聰明，有多位心靈顧問

你必須借重他人的經驗、教育、才能與想像力。每一個成功致富的人都曾經採用這個方法。

——拿破崙·希爾，美國成功學作家

香香，我很感謝在生命跌落那些年，你出現了。你常常在電話彼端對我說：

「**姐姐，你要忍耐喔，努力的人會出頭天的**。我已經看見你像台北市長柯文哲拿著麥克風，接受好多記者提問。……還有，還有，姐姐，你會閃閃發光出書演講，你文筆那麼好……。還有姊姊，你未來不是夢，你是美麗富有的俏佳人，我看好你……」。

當時跌落到低谷的我，常常聽到你天馬行空，無厘頭的鼓勵，情不自禁笑出來。人間有知己好友眞好，因爲患難見眞情；這可貴的眞情，讓你苦中有笑容。香香，有人間知己如你，我心靈有甘露。

香香，人與人之間因鼓勵結盟，產生奮發向上的力量。這是很多人都知道。但「擁有眞正心靈顧問」是很多人不知道的。有一次，你問我：

「姐姐，爲什麼你總是那麼積極樂觀，還有你不怕你寫作沒有靈感？還有你畫畫的那些小孩很獨一無二，滿創新……；姐姐，你有什麼隱藏法寶嗎？我想知道耶。」

香香，今天，我就不藏私，爲什麼姐姐那麼樂觀向上，充滿創作能量，我的法寶是——有好多位心靈顧問。

成功學家拿破崙．希爾（Naploen Hill）說：

「你必須借重他人的經驗、教育、才能與想像力。每一個成功致富的人，都曾經採用這個方法。」

在現實中我無法像一般大老闆有很多顧問作爲企業指導；但我很聰明，有多位心靈顧問爲我的人生導師。我的心靈顧問就是研讀好書。市面出版很多好書，不但書中有偉大思考而且有很多是成功經驗的分享，研讀一本好書，就是向一位心靈顧問請教。同時研讀多本好書，就是向有多位心靈顧問請教。

在我生命中，每個階段我至少有12位心靈顧問，他們跨越時空，來分享他們的想法。我藉著研讀各樣心靈與思想書籍，與偉大思考結盟。在姐姐跌落低谷那些年，**我一週開了至少五次的心靈會議，我稱「人生智慧高峰會」。**

「我乃稱你們爲朋友。」（約翰福音15：15）我的天父爸爸，他是我最知心的好朋友，所以他永遠會出席在我的心靈會議支持我《聖經》；考門夫人《荒漠甘泉》；皮爾博士《相信你會贏》；拿破崙．希爾《思考致富聖經》；華勒思．華特斯《失落的致富經典》；佛羅倫絲．辛《失落的幸福經典》；珍娜維弗．貝倫德《你的無形力量》；露意絲．賀《創造生命的奇蹟》……

等。

每星期一至星期五的黎明時，我家餐桌就是心靈會議場所。我將聖經擺在中間，按照我目前心靈狀態需要那些鼓勵，我就放他們的書籍，如《相信你會贏》、《思考致富聖經》、《失落的幸福經典》、《創造生命的奇蹟》有五本書，放在餐桌上，我是主席，我請他們發言，即我翻閱他們所寫的書，代表他們發言，然後將他們所發言的紀錄在我的筆記本上。

整個會議下來，就有五位天地間心靈智者，沒有藏私眞情分享出來，送給我爲今天的亮光，面對生活的勇氣。他們最大心意：希望閱讀他們的心靈語言的主席，有人生的智慧與堅強心靈力量，讓自己從困境爬上來，創造生命的奇蹟。

我就是這樣日日開著心靈會議（即閱讀心靈勵志好書），度過幾年的春夏秋冬，我的心靈因這些心靈知己跨越時空（有的去世，有的是在世人）智慧的支持，日漸如旭日東升，散發光明的希望色彩，愁苦的過去已如雲煙消逝；正如拿破崙．希爾（Naploen Hill）說：「偉大的力量由心靈友善結盟而產生。」

當姐姐每次在黎明中，與那些偉大心靈作家結盟時，漸漸我平庸的心智昇華向上了；我的眼光不再侷限眼前低谷高山上，而是遠觀未來日漸發亮寬廣的天空；我因他們分享與鼓勵，我的心靈處在創新前進當中，**因爲心靈火花在彼此友善對碰觸動下，更加興盛、活潑與創意。**

我就這樣在那些心靈知己陪伴下，從跌落低谷昇躍到靑草綠地清溪旁，寫作唱歌畫畫，還有偉大願景。

「我的心靈是天道運行中心，天道運行是爲了生命的擴

展，與更全面的表現。」（珍娜維弗．貝倫德（Genevieve Behend），美國心靈作家）

我的心靈是天道運行中心，偉大思想結盟如此，香香，我的畫畫也是如此，觀摩好多繪本作品，這些繪本家就是我的心靈知己（因為我愛他們的作品），我從心靈知己的表現風格，得到充沛靈感而誕生自己的圖畫，這就是我畫畫的人物與衆不同原因。

中國聖哲說：「三個臭皮匠勝過一個諸葛亮。」諸葛亮是中國歷史有名聰明軍師，三個臭皮匠結盟起來勝過諸葛亮，可見結盟力量大。那我有多位諸葛亮為人生顧問，這樣做會讓自己更加聰明，反應靈敏；工作起來如虎添翼，人生越來越亨通順利。是的，我很聰明，有多位心靈顧問，每天黎明就打開他們所寫著作，虛心向他們請教一番。

香香，你現在中國大陸工作，有空不要忘了，可以如姐姐開心靈會議（即讀好書），會幫助你在異鄉活出更成功更完美的自己。

Chapter 19
祝福你
健康到永遠

我內在這無窮的「療癒性存在」，現在正轉化我體內的每個細胞，讓我更完整、更完美。

——約瑟夫．墨菲，《潛意識的力量》的作者

依依，很開心在教會小組認識你。你與我都愛畫畫，你畫油畫，我畫蠟筆畫，因相同的興趣，我們見面總是有某種情感的共鳴，靈犀相通的微笑。當你的油畫老師辦師生聯展時，小組長珮容、韻佳與我一起去觀賞你被展覽出的作品。我很喜歡妳的那幅自畫像，你畫出你內在的你——豐富情感與細膩敏感的個性。

我在小組喜歡幫姊妹拍照。那次爲你拍照時，我回家再整理照片要傳送給小組時，隱約感覺相片中的依依，氣色沒有以前好。後來你沒有來小組聚會，詢問原因你生大病了。這場來勢凶凶的癌症，讓你缺席小組聚會至少半年多。

我們姊妹每天都有人爲你禱告，爲你趕快恢復屬天健康禱告。我也是爲你禱告姊妹中一位，我每次都這樣禱告：「偉大神啊，你是偉大醫生，我要大大讚美你！你現在醫治大能湧流在依依身體內，你要使依依恢復健康足享長壽，你要將你的救恩顯明給依依，謝謝主。禱告奉主的聖名，阿們。」

依依，我將我所知，誠心分享於你，希望對你有幫助。我分享兩位面臨醫生搖頭，很難纏的大病時，他們靠自己所寫的禱告文宣告，恢復屬天健康。第一位是潛意識心靈作家約瑟夫．墨菲（Joeseph Murphy）。約瑟夫．墨菲在他在《潛意識的力量》寫著：

在我很年輕（約20歲）得了皮膚癌，我就爲自己設計一段非常簡單、直接的禱文：

「我的身體以及所有器官，都是由我潛意識的大智大慧所創造出來的。

祂知道如何治癒我，祂的智慧設計出我所有器官、組織、肌肉和骨頭。我內在這無窮的『療癒性存在』，現在正轉化我體內的每個細胞，讓我更完整、更完美。我知道身體此時此刻正在康復，我很感恩。我的內在智慧所創造出的傑作，眞是太棒了。」

我每天重複這段簡單的祈禱兩到三次，每次大聲覆誦五分鐘。過了三個月左右，惡性腫瘤不見了。我的醫師覺得不可思議。

另外一位是葉光明（Derek Prince）牧師（英國人），在他著作《活出信心》，他在第二次世界大戰，是印度一位軍醫的助手。他（20多歲年紀）行軍到炎熱的蘇丹，得了令醫生束手無策的皮膚病。他躺在病床長達11個月，痛苦不堪，沒有盼望。由於他是研究聖經的專家，他知道神的話語如良藥可以醫好他的病，所以他也爲自己寫了一段很簡單的禱告文：

「主耶穌代替我的軟弱，主耶穌擔當我的疾病，因祂受的鞭

傷，我得了醫治。禱告奉主的聖名，阿們。」

葉光明牧師將這段禱告文大聲朗誦在三餐後，當藥服用。在三個月後，奇蹟出現了，他的皮膚病被醫治，他恢復屬天健康，直到去世；他的皮膚病都未曾發作過。依依，約瑟夫．墨菲與葉光明牧師的大病，在醫師束手無策時，都是透過自己的禱告文，每天禱告2~3次，在2~3個月後，超乎醫生意料外，恢復強壯身體健康的，我提供於依依參考，因爲我關心你，我期待你很快恢復你的健康，來小組聚會。有一天開畫展，珮容小組長必會帶全體姊妹參觀你的畫展，我想你的先生與那一對優秀兒女，必在我們之前，爲你畫展忙得很興奮開心。

依依，我寫這首小小詩歌於你，希望你喜歡。

〈我會健康長壽〉

每當懷疑於病中
黯然看窗外
我信心笑容對自己說
我身體正康復中
完美的健康屬於我

每當流淚於病中，
絕望看烏雲
我陽光聲音對自己說
完美的長壽屬於我

感謝神會醫治我
讚美神已醫治我
我會健康長壽到永遠
去完成我心中的夢

PS.一年後，依依完全恢復健康了。

Chapter 20

讚美自己：
用對方法學英文

學好英文不難，主要是用對方法。

佩佩，是一位非常漂亮女生。大學畢業，在百貨公司上班。由於來到百貨公司的人，形形色色男男女女，當然包括外國人，所以能說簡單英文會話，讓老外買到他們想買的東西，應該是最好的。

「我想學好英文，不知道如何開始？」

佩佩是我教會小組一位年輕姊妹，一日聚會，她問我。

「佩佩，問對人了。我在英文學習路上，花了好多的學費，用盡心思與時間，幾年後，仍然覺得英文好難好難，是世界上最難學的語文，不像中文那麼容易。」我對這位美麗佩佩說出以前學英文的景況。

「後來呢？你放棄學英文了嗎？」佩佩問我。

「佩佩，蔣馨姊姊在某天忽然悟到學好英文的武林祕笈……。」

「那學好英文武林祕笈是什麼？蔣馨姊姊趕快說啦。」佩佩很頑皮聲音看我。

「學好英文的武林祕笈，即正確方法：像小孩子學英文。小孩子學任何東西，都像玩遊戲，輕鬆容易快樂。你看，小孩子學說話，他們聽了無數的好兒歌。小孩閱讀，父母陪伴。**小孩發錯音，一點不會臉紅，開心接受糾正。每天都是進行式，遊戲學習。一天好玩又過一天**，一年有趣又過一年。多年英生活化後，英文早就是他們的好朋友，聽說讀寫樣樣都行，溝通無礙，讀寫亨通順利。」

蔣馨姊姊一口氣說給佩佩聽。佩佩點點頭，不過她說：

「我想聽你學英文的眞實經驗。有一次你分享學英文很輕鬆容易，但對我來說，學英文很難，不知道如何開始？」佩佩要我提出實際的步驟。我們坐在餐廳聊天，我樂意分享我學習英文的正確方法。

以下是我學好英文的正確方法：

學好英文永遠來得及，保持一顆孩童的心

今天，不論你幾歲，1歲~99歲的人都可以學英文，心靈不分年紀，當然英文也不看你的年紀，只要你如德國大文豪歌德說：**「專心致志，下定決心；大地移而萬物開。」**你下定決心，要讓英文成爲你的前世知己，你自然會唱幾首英文歌兒；你要對

老外侃侃而談，如孩童般自然有趣；你先想像一番：「你這輩子最偉大一件事就是學好英文。你是地球村一份子，無論到哪個國家，你都開口閉口都是英文，通行無阻；你在天涯海角，你除了唱中文的民歌，也會唱英文的老歌……」，這樣畫面常常想像一番，無形中會去除對英文的障礙與恐懼。

每天必撥出半小時聽英文

選擇自己感興趣與適合自己的程度的節目。以我自己來說，我以前學英文最大敗筆是指閱讀英文不聽英文；或選擇很難的教材逼自己學英文，這樣太太辛苦了，一直查字典。後來我發現有一個24小時英文節目，這節目也有不少時段是給孩童學英文，教發音、唱歌、說故事與對話，對於初學英文很適合。我大概每天撥出半小時去聽與看這樣兒童節目，看得輕鬆愉快，覺得學英文很有趣；因有趣，即使很忙碌的生活，依然抽空聽英文。

3年後，我覺得英文是我的好朋友。現在我聽〈大家說英語〉，這個節目很生活化，我每天時間到了，必去聽；若錯過了，我改聽24小時英文節目，目的就是每天一定要接觸英文。

去年有機會到紐西蘭旅遊，我發現我對老外一點都不害怕，因爲我在電視或網路，每天都在看外國人，早就習以爲常了。我在紐西蘭還向老外問路，老外聽得懂，我在說什麼。當我可以說英文，走在紐西蘭的街道上上，覺得走路有風，心情愉悅開闊，我知道這是自己在出國前，多年聽英文下來，終於開花結果了。

把英文當前世知己

不要怕英文，英文是你前世知己，說不定你的上輩子是老外，說一口標準母語，現在就是要喚醒沉睡英文記憶。想像一下，不管如何，都會讓你對英文產生好感。

學英文最怕是，剛開始學英文充滿豪情萬丈，後來眼高手低，彼此看不對眼，後來乾脆拒絕往來。把英文把當作至知己好友，常常對她（他）說：「I love you so much.」嘴裡說我喜歡你，我愛你；還要配合行動。

把英文當前世知己，一輩子的朋友。從你有興趣的項目保持接觸，日日如此，月月如此，年年如此。這個英文好友，會帶你去拜訪世界各國。你與英文，英文與你，早就是前世的知己，分不開了。

「佩佩，這是我學英文的正確方法，希望對你有幫助。你現在開始學英文，每天至少撥出半小時聽英文，如孩童的心去學英文，讓英文很輕鬆容易進入生活中，成爲你的好友；一定要堅持3年不間斷；3年後，我再問你學英文，是不是很輕鬆容易。」

「好。蔣馨姊姊，我願意試試看！我也想讓英文成爲我的前世知己，讓我在工作因與老外溝通無礙，更加得心應手，工作更上一層樓。我希望有一天如馨姊讚美自己：用對方法學英文，英文輕鬆容易。」佩佩說。

我們一起走出餐廳，夏日陽光照耀我們，同時照耀全世界。

Memo

你很棒，請讚美自己

Chapter 21

當憂鬱時，讓自己有事忙碌

人生最大的快樂，就是把自己奉獻給一個自己認為重要的理想上，不要做個自私的小人，一味埋怨世界不來取悅你。

——蕭伯納，英國諾貝爾文學家

「很憂慮怎麼辦？」你在line上打了這幾個字，你終於知道要求助了，身爲朋友的我，很樂意很開心在你身旁，說些眞心語。

呆呆，你朋友很少很少很少，我應該是你那手指頭屬出來的朋友。你一直很憂傷，你躲在你的的世界，很少跟任何人說你的心事。你活在怕怕裡，很敏感很容易受傷，我想幫助你，卻不知道如何幫助你，我只有爲你禱告。

呆呆，「憂慮」是21世紀的黑死病，很多人因憂慮而自傷自殘，終其一生都鬱鬱寡歡。歌手陳淑華因母親去世，過於傷痛，就不再唱歌了，躲在家裡養傷，20多年過了，有人看過她，花容憔悴失色，其孤獨憂傷背影，令人不捨難過；現在的她，無法跟過去在銀幕知性亮麗歌手相比。呆呆，你知道，我算喜歡聽歌唱歌的人，當然我不忍舉陳淑華例子，但我還是舉例了，就是在說明一個事實：

「憂傷的靈使骨枯乾」（箴言17：22）。

所以，呆呆，「**快樂是你的選擇**。很多人經常處在擔心的陰影下，結果愈不想要的事愈發生。」（喬．維托如此說），呆呆不要選擇憂慮過一輩子，那孤獨如花朵憔悴滿地，這樣的結局令人辛酸不已。呆呆，我希望你快樂起來。**當你選擇快樂時，快樂同樣選擇你**。如何不再靠抗憂藥來解憂，不再失眠；不再躲在家門不出；以下是我的建議：

每天運動至少30分鐘

以正負的原則，憂慮足讓一個人四肢無力，失去奮鬥的意志。軟弱悲觀是負面因子；因此必須以正面因子——運動，讓四肢有力，帶動體內細胞活躍，正負加以平衡，以找回生活的秩序。

我記得在學生時代，因找不到生存意義，非常焦慮不堪。所幸我那時有慢跑的興趣。我每天清晨6時就在校園慢跑，跑了12圈後，流流汗，走走路，聽聽鳥叫，迎接晨光。雖仍隱約感受生命陰暗風雲，就與之和平共處吧。

前幾年我也遇到一件令我從雲端跌落到低谷——遭到上司不公平的對待。我從憤憤不平到自我懷疑，在自我懷疑下，又開始憂慮起來了，怎麼辦？我遠離人群不說話，找到一個美麗可跑步地方開始慢跑；而這活動筋骨對我來說是一種自我救贖。

呆呆，所以當你感到士氣低迷時，身心靈非常沮喪時，就找個校園、公園或一個美麗地方運動30分鐘。持續運動，一週至少3~5天運動。持續半年下來的運動習慣，你會發現心情不會惡化到不可收拾地步，今天就可試試看。

每天要讓自己有事忙碌

英國作家蕭伯納說：「人生最大的快樂，就是把自己奉獻給一個自己認爲重要的理想上，不要做個自私的小人，一味埋怨世界不來取悅你。」盡自己能力把眼前的事情做到好，讓自己心安理得。沒有理想就去找一個理想吧。若沒事做，整個人在生活事呆滯的。

呆呆，我們比自己想像中還要尊貴還要厲害。聖經說，我們只比天使小一些，天使是在天上；那我們就是人間天使。設定一個崇高的理想目標：在工作很卓越當領袖；以自己能力買到房子；一生要幫助100人；要當作家/畫家/企業家/有錢人……。把你想到崇高理想寫下來，讓理想目標成爲你每天生活動力。

呆呆，不要說，理想値幾毛錢或我算老幾還在談什麼理想目標；當你把自己定位人間天使，把自己定睛在崇高事物上，以吸引力法則，你會吸引崇高的人與崇高的事進入你的生命中，你不再一直停留抱怨與平庸層次上。你不抱怨，你自然快樂向上飛翔起來。

呆呆，不要無所事事，**無所事事是等於慢性自殺**，因爲無所事事久了，你的細胞「過於安逸」，有太多時間想東想西，憂慮就這樣找上門。呆呆，不要發呆；你可以如我，感到很窒息就畫畫，我人生最憂傷是我母親去世那段期間，我一直畫畫，常常一畫4個小時；內心感到很空洞黑黑的，我就拿起筆，將類似《人生光明面》書籍裡面句子，一字一字抄在筆記本裡；很傑出的企業家王雪紅，在她擔憂事業睡不著時；她就起來抄聖經句子。就是要讓自己處在一種光明的氛圍忙碌，以忙碌趕走憂慮。

保持閱讀好書的習慣

我們每個人心中是小宇宙，常光明與黑暗爭鬥；善惡在打架，所以我們一會兒歡喜，一會兒憂。我們常擔憂很多事情，如工作不保或會不會得癌症或遭什麼意外、心裡老是覺得有某種壓力。

閱讀好書，是與智慧的力量結盟。每個作者分享他的高超精神世界，從中萌生希望、自信與勇氣。當一個人能夠靜下來閱讀，心靜下來能產生智慧。智慧地閱讀好書，心靈激發火花，你會發現面對生存不是難事，你不是孤獨一人，內心平靜安穩。我個人在面對挫折方式，就是到書店或圖書館，針對自己的難題，閱讀好幾本好書的建議，常常在閱讀後，一掃陰霾，找到堅強的力量。**養成閱讀好書習慣**，是我每天喜樂源頭，**也是一天生活智慧的開端。**

呆呆，很關心你，喜悅你，這以上3項，是我的生活小確幸分享於你，從今以後我不要叫你呆呆，我要稱呼你「樂樂」。

最後爲樂樂寫一首詩，希望你喜歡。

〈我們是快樂天使〉

憂傷是呆呆
唱不出歌兒
讓我們輕輕唱首歌
歌聲長了雲翅膀
多麼快樂飛翔

憂傷是怕怕
跳不出舞兒
讓我們動動跳支舞
舞蹈揮著仙女棒
多麼快樂奔放

我們是暖暖
是人間天使
美妙地唱歌跳舞
多麼快樂創造

Chapter 22
讚美自己：我是明星

我們都是明星。你值得被世界看見。展現最好的你，勇敢地走出去，盡情做自己，閃耀獨一無二的你。

——龐傑斯（Jess Ponce），好來塢媒體溝通教練

你敢讚美自己：我是明星嗎？還是你覺得自己無名小卒？這篇文章是寫給你，不論你現在幾歲，是成功還是失敗，是貧窮還是富有；你都是宇宙的最最閃亮的孩子，天生就是明星的料子，貨眞價實，如鑽石發光。

好來塢媒體溝通教練龐傑斯（Jess Ponce）說：

「我們都是明星。你値得被世界看見。
展現最好的你，勇敢地走出去，盡情做自己，
閃耀獨一無二的你。」

當我們看見電視或電影銀幕上的明星，那麼閃耀亮麗，其實他們透過化妝與鏡頭角度展現他們最美最帥的自我。我們都有自己獨特的鏡頭，只是我們因自卑將這個遺漏了。

你看！嬰兒多麼純眞可愛，兒童多麼自信笑容，展現神子的風采。反而長大後，因做錯譴責自己；因失敗事件看輕自己，我們失去明星的光澤與神子的尊貴，我們背駝著，不再談論什麼偉

大的理想，就是一天過一天。

林肯媽媽從小告訴林肯：「你將成爲偉人，因爲你是神的孩子。」這樣的話語使林肯不管歷經選舉失敗，多少政敵言語的攻擊，他依然安然度過，不損他偉大政治家的格局；只因林肯相信自己是神的孩子，只要尊崇人類的愛，最後必會戴上冠冕。林肯心中有一幅全人類，不分膚色，不分國籍都是上天的孩子，人生而高貴平等的圖畫在他心中了。相信林肯常常讚美自己：我是明星。

當你將自己視爲上天的孩子，全世界只有一個你，光是這個獨特性，就是你生存最閃耀部分。我是母親，我看我的孩子安安與亮亮，即使他們身高不算高，也不是最好大學畢業，臉蛋也不是精緻光滑，但在我眼中，他們是人群中的明星，我不容許別人貶低安安與亮亮，我默默爲安安與亮亮禱告祝福，所以我寫好多信給他們，就是讓他們相信：自己是上天的孩子，他們出入平安順利；前途璀璨閃亮。

美國成功學家奧里森・斯威特・馬登（Orison Swett Marden）說：

「人類是上帝的化身，人類繼承了祂神聖的力量與特性。我們正是爲了成就理想中的自己才來到這個世上，因爲我們始終朝著理想方向前進。吸引力法則，如果你將自己看做上帝的化身，這樣積極的思想會吸引勝利、成功與富足。反之，你認爲自己是失敗者，往往吸引壞事、意外或疾病。」

人類是上帝的化身，就是閃亮的明星，萬物之靈，在萬物之上。當你不斷讚美自己：我是明星，讚美是個大能，久而久之，你對自己有自信，以傑出方式展現自己。最後以我喜歡印度詩人泰戈爾的詩爲本文結束：

「天父阿，你將榮耀歸於你的孩子，且讓我為你爭光吧。」

Chapter 23

讚美一位種樹的人

一位本來喪妻喪兒的50多歲的人，不斷種樹，創造美好的生活樂園且努力了30多年，將原本平凡黯淡的人生成了一則傳奇。

佳佳，現在紐西蘭是冬天，眞好，很冷天氣啊，我愛它冷啊。你知道嗎，現在台灣夏天白日高達33度–36度，簡直酷熱，當熱浪襲來，我全身熱呼呼，無法忍受，只能躲在冷氣房裡。

這時的我就異想天開，想乘著神奇魔毯到此時冬天紐西蘭，去找住在紐西蘭的你，借住你家兩個月，跟你在你家的花園種花種樹種清涼，並散步老樹下的寧靜時刻。佳佳，美好時光總是過得快，眨眼間兩個月過了，當我乘著神奇毯子回台灣，已經九個月了，台灣就不會那麼熱了。

佳佳，這是我的想像假期啦，因爲我很怕熱，我想起你住在大樹永遠比人多綠色國家——紐西蘭，也想起佳佳好個性如夏日清泉，這樣我的小小心房不再一直喊熱。

住在樹比人多的紐西蘭，夏天不用開冷氣，樹木蒼翠盎然，好像對你說個故事的綠色精靈。夏天在紐西蘭，你不會感到昏睡或中暑，你依然看見繁花開在陽光下。佳佳，因在紐西蘭種樹的人比砍樹的人多。我還是在台灣，在酷熱夏天我分享一個種樹的人故事於佳佳。最近看一部影片，片名爲〈一個種樹的男人〉。

故事敘述：

一位在太太和兒子去世的男人，獨自到一個荒涼不毛之地種樹。在沒有人，沒有娛樂下，他一人默默灑下十多萬棵樹種子在這貧脊土地上，他耐心耕耘、澆水，日日照顧。

在這期間，一位二十出頭年輕人撞進這塊土地，認識這位種樹的男人。後來年輕人在第一次世界大戰爆發時，去當兵。由於那是不毛之地處於偏鄉，不受戰爭影響，那位種樹男人依然守護他所種樹的土地，每天耐心等候樹木長高長壯。

在30年過後，那片不毛之地成了小鳥的天堂，人間樂園，一萬多棵綠樹，隨風搖曳，小溪河水清澈無比，很多人移民到這裡，享受前人種樹後人乘涼的恩澤。

那位種樹男人八十多歲去世，在他創造人間樂園時間是30多年時光，多麼漫長歲月啊！他一位本來喪妻喪兒的50多歲的人，不斷種樹，創造美好的生活樂園且努力了30多年，將原本平凡黯淡的人生成了一則傳奇。他的故事由這位年輕人寫下來，廣為世人所知。

讚美這位種樹的人，將生命的悲劇沙漠，化為生命喜劇綠野，帶給人無比啟迪。這位種樹的人的偉大不亞於一位總統呀！

佳佳，我在台灣，應該不要一直埋怨台灣酷暑，想自己能為自己生長土地做什麼？也許，我可以在自己家鄉種些樹；在自己家陽台種一盆花美化路過人吧。也許，像你將愛上帝的「生命樹」種植在孩子心中，讓孩子在遇到生命酷熱荒旱時，如聖經云：「**一棵樹栽在溪水旁，按時候結果子，葉子也不枯乾。**」（詩篇1：3）

在現況裡，去創造一片綠意盎然的樂園，應該是我從「種樹的男人」學到生命哲學。佳佳，愛妳喔，希望有一天真的去拜訪你家，看看你種的樹，種的花，種的菜，累了就坐在大樹下吹著剪剪風，唱著三毛的夢田：

每個人心裡一個 一個夢
一顆呀一顆種子
是我心裡的一畝田
用它來種什麼
用它來種什麼
種桃種李種春風

讓樹下的我們一起分享兒女經，聽聽你如何將信仰生命樹栽種你家4個女兒心上；你的紐西蘭綠手指園藝生活等等，還有在大樹下喝咖啡，吃吃小蛋糕，擁有一個綠色有夢田的夏日假期。期待有天美夢成真。

Chapter 24

讚美自己：追求屬於自己的成功

何謂成功？時常大笑；欣賞美的事物；找出他人的優點；明白你的存在；盡量為世界留下一點點貢獻。

——愛默生，美國思想家

依依，你問我人生「何謂成功？」我笑著答說：「何謂成功，大哉問，好問題。」

依依，對生大病的你來說，「讚美自己：勇敢面對大病，在電療與化療中倚靠神，恢復屬天健康，就是成功。」是我心中對目前的這你，何謂成功的回答。

當然「何謂成功」對於世界人來說，有財富的成功；有家庭幸福的成功；有名聲的成功……等等，每個人就對成功的定義不同。

我個人的看法，有一種成功：「我是道路、眞理、生命。」（約翰福音14：6）以內在偉大夢想成道路，祝福自己也祝福別人爲生命的主旋律，以眞理爲做人做事力量，讓人間因你出生更進步更光明，散播世世代代的正面能量；這樣成功是歷久彌新，如馬丁路德．金，托爾斯泰，海倫凱勒，愛迪生。

法國文豪羅曼．羅蘭（Roman Rolland）說：「**世界上有一種英雄主義，那就是瞭解生命而且熱愛生命的人。**」台灣知名人物李開復博士，在他得第四期的淋巴癌時，他在病中大覺悟：

他覺得人生優先順序錯了，工作勝過家庭；認爲運動浪費時間；在近2年面對病魔中，他回歸家庭，愛妻子愛兩位女兒；規律運動，適當放鬆休息，配合醫生的治療，終於2年後，恢復健康。當他恢復健康後，去做他的熱愛事業，在工作之餘寫作，他出版《我修死亡學分》，李開復的「了解生命熱愛生命」，帶給我們很多深思。

依依，你會成功打敗病魔，參加你兒女的婚禮。我們要相約到紐西蘭去找住在紐西蘭佳佳，愛畫畫的我們將紐西蘭的美景一一畫下來。好嗎？在你病中，你要想像「你參加兒女的婚禮幸福流淚的鏡頭」；「我們在異國畫畫的喜悅笑容」；成功就是這樣幸福的畫面，活著眞好的喜悅笑容。

依依，你是追求人，所以你會問我「何謂成功」這個問題。每個人都在追求成功，追求更上一層樓的境界，但有時候卻裹足不前或六神無主。在第二次世界大戰，曾是被關在日本監牢裡，在他恢復自由後，決定要追求自己渴望的事情；他到80多歲還在跳芭蕾舞。

戴爾．卡內基在《人性優點》寫一個故事：

「在第二次世界大戰死裡逃生的羅伯．摩爾告訴我：『在我深水炸彈威脅著我生命那一刻，在等待15小時中，我發誓當我有機會再看到星星和太陽的話，我永遠不會發愁了。』」

是的，成功就是不爲生活發愁，永存希望。美國思想家愛默生說：「何謂成功？時常大笑；欣賞美的事物；找出他人的優點；明白你的存在；盡量爲世界留下一點點貢獻。」心中不憂慮，永遠看光明面；欣賞別人；欣賞大自然，比一生在名利打

滾，到死之前剎那才後悔的人，算是生活的達人。

美國心靈學家佛羅倫絲．辛說：「人生是一場偉大的遊戲。**在這場遊戲中，除非你理解靈性的法則，否則不會成功。**」依依，你和我都是母親，對於母親的成功定義，母親的成功工作就是注重兒女品格教育，讓兒女懂得「愛自己與愛人」的靈性原則，在人生中懂得明辨是非的思考，不被世界誘惑左右。如林肯母親於林肯；小布希母親於小布希；林書豪母親於林書豪；居禮夫人於3位女兒，她們都培養眞正懂得靈性原則的兒女，是成功的母親。

很幸運的是，依依與我都認識上帝，整本聖經都是詮釋愛自己與愛人的眞理。所以教導孩子閱讀聖經，認識神，算是母親的偉大工作。依依，我認爲「成爲智慧母親」在生命中算是大成功，因爲培養出來的孩子會對社會有貢獻，光照自己也光照別人，你同意嗎？

依依，日前，參加一個大學所辦的活動，他們閒聊笑談著：現在大學教授的薪水不如某某大企業經理的薪水。親聞後，同時帶來一些思考。我知道他們談是事實，但成功是無法比較，每個人追求的成功都不同。

每個人恩賜才華都不同，總統、醫生、企業家、科學家、文藝家、大學教授、市場商人、旅遊餐飲業等各行各業，都對世界留下貢獻，好好扮演自己的角色，就是成功。

成功並不是在比較財富多寡，成功是做自己所擅長的事，以自己的熱愛工作養活自己與家人，並爲這社會國家帶來幸福，也許大學教授的薪水比不上大企業家，其成功仍各自閃亮發光。成功就是發揮自己潛能，成爲你想成爲的人。

依依，你問我「何謂成功」，我的看法：讚美自己：追求屬於自己的成功。自己的成功，是給世界帶來幸福。

當你恢復健康，我們找一個安靜優雅咖啡館，讓我聽聽你對成功的看法，你在病中的體悟。期待喝咖啡聊聊成功那一天來臨。

Chapter 25

讚美自己：
會把願望好好寫下來

把願望寫下來！你想成為什麼樣的人，想做什麼，想擁有什麼。

——喬・維托（Joe Vital），美國心靈作家

「秀秀，把願望好好寫下來。」

「爲什麼？」秀秀問。

「秀秀，你不是說要忘記過去的憂傷，要從2020年開始逆轉人生嗎？逆轉人生第一步就是把願望好好寫下來。」

秀秀與我一起逛淡水老街，後來到淡水紅樓坐著聊天。淡水紅樓是在高處，我們站在高處往下看，淡水河在陽光照耀下閃閃發光，盪漾無限生機。

從前我們不信主，以致有很多錯誤想法，犯了很多的錯。秀秀，你說，你會用過去錯誤鞭打自己，你無法告別過去，其實我也是如此軟弱不堪，你知道我的從前故事。直到信主後，神用愛寬容我們。我們在水浸泡受洗後，就是新生了。

秀秀，我們都是同年紀，生命階段是人生下半場。過去都要成爲過去，就像聖經中的羅得的妻子，沒有聽神的話：不要回頭

看，她卻回頭看，變成一根鹽柱。成爲鹽柱就是一種精神死亡，困在原地，無法前進，從此自我隔絕，於世無益。所以，秀秀，若你常想起過去，就想想聖經中羅得妻子故事，告訴自己：「聰明的我要做一件最聰明一件事：忘記過去創造未來。」

假若我們要活出精采下半場人生，首先把內心的渴望、慾望，願望及想要的人生，好好寫下來。

秀秀，我分享我最近閱讀到文章於你。美國心靈作家喬．維托（Joe Vital）說：

「把願望寫下來！你想成爲什麼樣的人，想做什麼，想擁有什麼。看吧！整個宇宙比我們的自我更寬廣，可以供應我們所需。作家博恩．崔西做過一項研究指出，只要把願望寫下來，隔了一年再看，當初的願望至少有百分之八十會實現。」

秀秀，我們不要讓過去左右我們人生下半場，「女性要創造自己的好運；抱怨自己歹運的女性要效法前輩女性，創造自己的好運。」（克勞德．布里斯托說）雖然我們都五十八歲了，生命永遠是新頁，有驚喜與奇蹟故事等我們寫在生命卷上。在創造新頁故事時，最重要把我們願望好好寫下來。現在我們就來寫，在紅樓的咖啡桌上。

秀秀與我眞的在紅樓咖啡桌上寫下我們心中未來的願望。秀秀想要一棟好房子，玫瑰花園與果園，旅遊25個國家……。我也寫下我想當心靈作家，創辦百年企業幸福度假村……。我們寫了至少7個願望。

我們在美麗紅樓裡，說出來我們的願望，對著淡水河說，對天地說，也對我們的神說。「那時他們才信了祂的話，歌唱讚美祂」。（詩篇106：12）我眞心對秀秀說：

「『你們祈求，就給你們；尋找，就尋見。』」（馬太福音7：7）

神是祝福滿滿的神，只要我們願望是利己利人的，神要我們大大張口，應許的話一句都不落空。

秀秀，當我們寫下我們對未來的願望，等於忘記過去，望著前方的標竿直跑。秀秀與我走下紅樓，穿過人潮洶湧淡水老街，走在淡水河畔，看見畫家詩人所歌詠的夕陽掛在天空上，眞美得如詩如畫。「這世界眞美，直到把願望寫下來，美夢會成眞。」秀秀與我度過一個讚美自己：會把願望好好寫下來的愉悅時光。

過去的過去，往事中往事全拋到淡水河裡，一去不回頭。看著夕陽，秀秀與我彼此會心一笑，一切盡在不言中。

Chapter 26

讚美自己：會說好話吸引好運

一句話說得合宜，就如金蘋果在銀網子裡。

——聖經

「秀秀，你怎麼又心情欠佳？」我說。

「唉！我常常罵自己：我好笨，做錯決定；我好粗心，常把事情搞得一蹋糊塗；還有最近一直掉進過去漩窩，感到絕望灰心。」秀秀一連串說。

一個夏日午後，秀秀每次心情欠佳總是打line於我。我們約好在北市碧湖公園見面。碧湖公園有個充滿靈性，碧波在盪漾的大湖泊上，很適合談心的地方。

「秀秀，你有個口頭禪：我好笨。」我說。

「真的嗎？我自己沒有察覺到耶。」秀秀睜開大眼看著我。

秀秀，今天我要跟你分享言語的力量。我們常常想起過去犯的錯，就會罵自己笨，懊惱萬分，恨不得有個洞把自己掩埋起來。秀秀，不是只有你會罵自己笨；以前我也常這樣啊。直到我

閱讀聖經的話：「凡人所說的閒話，當審判的日子，必要句句供出來。」（馬太福音12：36）我才知道我們日常生活中所說的話，都會在另一個空間被記錄著，清清楚楚彰顯在宇宙看板上。

你常常說自己笨，你就會變笨；你忘不了過去的錯，等於你還是停滯在過去的庸俗層次。你要用言語改變自己的命運。

美國心靈學家珍娜維弗．貝倫德（Genevieve Behend）說：

「在你使用的每一個言詞裡，都有一個力量根源，它會擴張，並且投射在你話語中所暗示的方向上，然後發展成物質的表現。**要快樂，就不斷說快樂**。」

對於生病人，要每天用言語祝福自己健康；對於失業的人，要每天宣告自己有新工作；對於忘不了過去的錯的人，要有信心對自己說：我後來成功富足榮耀大過先前。

「秀秀，要用好話創造好運」，這是我今天要對你說的好話。我們都不是神仙，是凡人；既是凡人都飽受很多負面的攻擊。在整個宇宙間存留黑暗與光明的兩股強大勢力對抗著，你看見黑暗與光明兩個無形力量在拉拔著，你會心情不佳或以過去來罵自己笨或責罰自己，都是黑暗撒旦的詭計，他在攻擊你。聖經有云：「**一句話說得合宜，就如金蘋果在銀網子裡**」（箴言25：11）你不斷說光明話語等於自己吃金蘋果，那麼富營養滋潤心靈；將金蘋果送給別人，別人也是歡喜受益。

所以，**人要改變命運最重要第一步說好話。你會說好話改運：你會說好話創造好運**。說你的期待要成爲怎樣的人；說你要成功，你會很富足，你會一生至少幫助100人等等。在一生說說

好話，說一千次也不厭倦，不嫌多。

秀秀，「我不是你的治療師或拯救者，唯一能改變你人生的人——是你自己。」（露易絲．賀說，美國心靈學家），不要再說自己笨或粗心，或埋怨命運對你不公；或你永遠不會成功或永遠不可能成為有錢人。從今天開始留意自己的言語，**負面批評自己言語一句話都不要說，你要說鼓勵造就自己的話語**，讓自己向上昇華再昇華。秀秀，我們可以每天如此說：

「我奉偉大神的名命令：所有黑暗的權勢離開，所有負面攻擊在我身上沒有作用。過去的一切不好記憶全部膏抹成新故事新情節。過去的罪都被聖水洗淨了，我有新的生命，新的祝福。

我奉偉大神的名祝福自己：我是位健康長壽有福氣的人；我有屬天的智慧聰明與創意，有細心完美卓越個性，我越來越進步，凡我所做的都亨通順利；過去每件事的發生都變成祝福我成功；我是一位發光有影響力的人，活出這一生偉大的夢。」

秀秀與我繞著碧湖散步，飛鳥輕輕展翅飛翔著，白雲好聖潔在天空說天堂的語言。秀秀與我看著這周遭如此寧靜和平，開著明麗的黃槿花迎風微笑著，這眼前好雲好水好花，一定是創造主用好語言創造出來。

「秀秀，我們要讚美自己：會說好話吸引好運。讓說好話成為每天的習慣。」

「好。我做得到，我現在就說：『秀秀越來越聰明有智慧，後來順利成功與榮耀大過先前。』」

碧水在聽。白雲在聽。秀秀與我午後對話迴盪在另一個空間上。

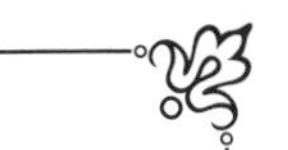

Chapter 27

寫給要當
美麗新娘的佩佩

我不怕恐怖分子，我已經結婚2年了。

——魯迪·朱利安尼（Rudy Giuliani），

前紐約市911事件時的市長

佩佩，昨日我們到明鶯姊妹家去作客，明鶯姊妹辦滿桌七星級山珍海味的愛宴，宴請我們這些早已經期待甚久餓壞的姊妹，大家吃得好開心好滿足。在明鶯姊妹家作客時，我發現你別了一隻俏麗的髮夾在妳長髮上，「眞美」我由衷發出讚美聲音與眼睛。

「你眞美」，二個禮拜前，當你與相戀十年男友去辦理結婚登記；當你宣布你的喜訊時，大家眞心恭喜聲外，我還加上「結婚是人生很美的選擇」。

佩佩，在21世紀的今天，很多人對於婚姻，有的恐懼不婚；有的追求事業不婚；或者因隨緣沒有遇到好的對象等等。你今日選擇結婚，結束單身生活，在人生中是大事；在我看來是很美的選擇。

家永遠是人世間最穩固的避風港，在你流淚時候，家的那位會爲你擦去眼淚；在你生病時候，家的那位會關心在旁；在你暗黑時候，家的那位會爲你開燈；所以前紐約市911事件時的市長魯迪·朱利安尼（Rudy Giuliani）說：「我不怕恐怖分子，我

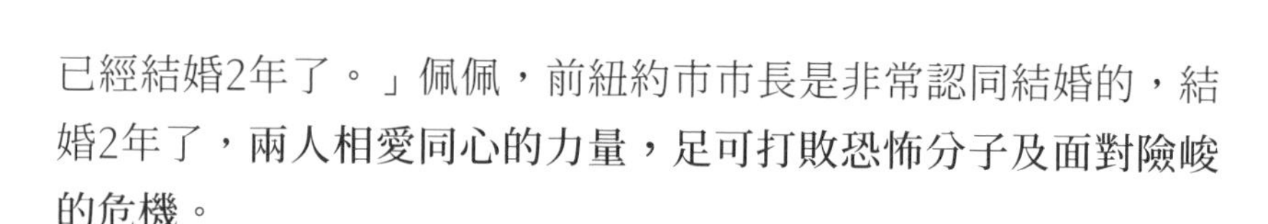

已經結婚2年了。」佩佩，前紐約市市長是非常認同結婚的，結婚2年了，**兩人相愛同心的力量，足可打敗恐怖分子及面對險峻的危機**。

在你剛走進婚姻時，我想分享我自己在快三十年的婚姻中，有2個重要心得於即將辦婚禮的美麗新娘佩佩：

順服丈夫，幫助丈夫

聖經云：「你們作妻子的，要順服自己的丈夫。」以前我不認識主，很大女人主義，事事講究「男女平等」，所以常常動之以理表達自己立場，這也是夫妻的爭吵來源。後來我認識主後，知道丈夫是女人的頭，女人想要出頭天，就是需順服丈夫，讓丈夫主導家中一切。

當你順服丈夫，丈夫被尊重被肯定時，他會充滿自信展現一家之主的氣慨。「告訴他，他是世界上最偉大的丈夫，在你告訴他之后，他眞的會成爲最好的丈夫。」（羅伯特．科里爾說，美國作家）妻子順服丈夫，是以柔克剛，幫助丈夫成爲最好的丈夫。你的順服是柔情似水，足可讓丈夫更順暢往前走。

佩佩，要幫助丈夫，同時爲未信主另一半禱告。聖經有云：「若有不信從道理的丈夫，他們雖然不聽道，也可以因妻子的品性被感化過來。」（彼得前書3：1）另一半信主很重要，因爲聖經有很多教導該如何成爲大丈夫，如何經營家庭生活與如何面對工作，開創人生。

李國鼎是一個充滿愛的政治家；前總統李登輝是台灣全民健保的推動者，他們在結婚前是未信主，在妻子不放棄，敬虔禱告影響下，李國鼎與李登輝都成爲愛主的弟兄。有基督信仰的李國

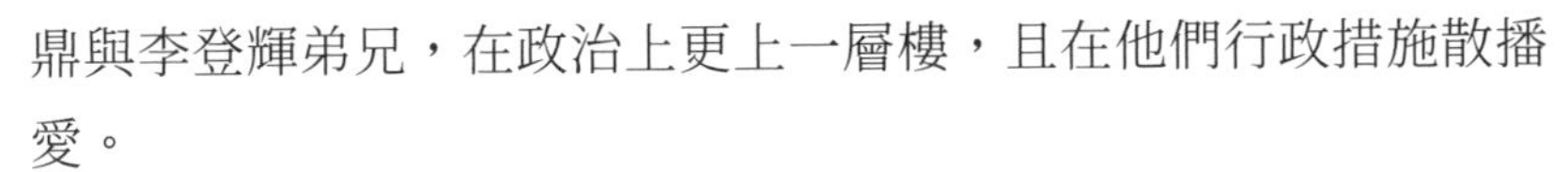

鼎與李登輝弟兄，在政治上更上一層樓，且在他們行政措施散播愛。

佩佩，禱告對幸福家很大助力。爲未信主另一半禱告直到他們信主爲止；除此之外，妻子要爲丈夫的身體健康，工作事業發展與家庭幸福禱告，**一位愛禱告的妻子是賢慧的，是令人動容的**；妻子的禱告是天父所喜悅垂聽，必帶來神助；因此妻子的禱告是丈夫成功的重要力量。

當一位愛讚美愛笑的妻子

佩佩，我的朋友都問我，爲什麼我先生都願意幫助我做家事很多很多年，都不發牢騷不抱怨。我常常哈哈大笑，我回答說：「我有武林兩大祕笈：讚美與笑聲。」當我先生幫忙我做家事，我都會讚美我先生：「你是天才，又會工作又會做家事，是全世界上最完美最聰明的丈夫。」我先生聽了樂不可支，下一次我再請他分擔家事，他通常會說：「YES」，很少說「NO」。

除了做家事要讚美，在自己母親（岳母）與朋友面前都要讚美他，讓他覺得很有面子，很有地位，被看重被肯定，因他戴上妻子的讚美冠冕。一位被讚美中丈夫的能力會被開發出來，因爲你讚美他很有能力，他越在工作上卓越向上學習，成爲能獨當一面的大丈夫。

當一位工作疲憊的先生回家，當你面帶笑容爲他開門，我想他的疲憊會減少一半。佩佩，一個家庭充滿妻子的笑聲，如一首快樂的歌兒，其喜悅音符充滿在家庭每個角落，丈夫聆聽著妻子笑聲樂音，將忘記現實社會的競爭與工作的壓力，會感染快樂喜悅的氛圍，成爲明日再繼續奮鬥的動力。

所以，佩佩要每日帶著笑容與丈夫相處，**讓你的笑聲成爲他的解憂劑，「笑語盈盈暗香去」**（辛棄疾，宋代詞人），讓你的親密愛人，回首處是你支持的樂觀笑容，耳邊迴盪你的忘憂笑聲。美麗佩佩，當一位愛笑的妻子，比送你丈夫一隻勞力士錶還要珍貴喔，這是我的看法供聰慧佩佩參考。

佩佩，結婚是生命中很美的選擇，你即將當美麗新娘，我以一首小詩〈美麗的新娘〉爲賀禮，希望你喜歡。

〈美麗的新娘〉

美麗的新娘是世界名畫
如蒙娜麗莎的微笑
幾度春秋，幾度夕陽
最典藏的畫

美麗的新娘是世界民歌
像花好月圓的音符
多麼聖潔，多麼頌讚
最鍾情的歌

美麗的新娘是白雪公主
找到她的白馬王子
幾度名畫，幾度愛歌
好幸福城堡

Chapter 28

讚美
柏林圍牆的倒塌

每個人都在世界歷史上扮演了重要角色，而本身不自知。

——保羅・科爾賀（Paul Coelho），巴西作家

那天清晨早上8點多，尚未跑步運動。心血來潮想去離家不遠地方——著名新北投（有溫泉博物館，地熱谷與梅庭景點）跑步。沒想到當我跑經「熱海大飯店」往前時，耳聽很渾厚的「哈利路亞聲」，我回頭一看是一位留著長髮的女士。

「你是基督徒嗎？」我問著。

「我是基督徒，你也是嗎？」」留著長髮女士看我反問。

「我是呀！」我流些汗說著。

「上帝眞的聽我的禱告。」沒想到這位長髮女士喜出望外，熱情拉著我的手說。

愛香，這是我們認識的經過。你與朋友遠從哈爾濱來台灣一週多時間，都住在熱海飯店裡，此行目的就是爲兩岸和平禱告。你向上帝說：「希望你能夠認識一位台灣人，在你們離開台灣之前。」上帝似乎沒有聽見，你與友人已經在當天準備搭遊覽車離開熱海大飯店，搭機飛回中國了，你依然沒有認識半個台灣人。

在你與友人等候前一個小時，我跑步經過了，你唱哈利路

亞，吸引我停下腳步。「兩人相遇就是那湊巧，沒有錯過。」上帝已經聽見你的禱告，我是正港的台灣人。你終於在回大陸1小時前，認識一位台灣人，那就是我。

愛香，來自中國哈爾濱；馨，來自台灣台北。因「微信」通信軟體讓我們彼此繼續聯絡，問安。今日本文就是要談「柏林圍牆啟示」。**香與馨代表兩個不同政權，香與馨共同是基督信仰**。基督信仰讓我們彼此稱呼姊妹，是彼此相愛的一家人，如同聖經云：「我賜給你們一條新命令，乃是叫你們彼此相愛。」（約翰福音13：34）。香，我要談的主題是「柏林圍牆倒塌的啟示」。

1989年11月9日柏林圍牆終於倒塌了，東德人民終於不用冒著被槍殺的危險，可以自由到西德去，呼吸自由的空氣。柏林圍牆的倒塌，彷彿一夕之間造成的，**其實有很多默默無名英雄在為東西德和平努力**。這些無名英雄正如巴西作家保羅．科爾賀說：「每個人都在世界歷史上扮演了重要角色，而本身不自知。」無名英雄所用力量不是拿破崙的徵軍攻打各國的侵略作風或日本神風特攻隊效忠日本天皇的犧牲，而是用人類要彼此相愛，所發起的禱告力量。

在柏林圍牆倒塌之前，東德有一間很古老的萊比錫聖尼古拉教堂，在1982年，**一位很年輕牧師發起每週一一次的「和平禱告會」為東西德和平禱告**。當發起這個「和平禱告會」教會是被東德政府嚴密監控，祕密警察隨時出現，紀錄教堂一言一行。

「和平禱告會」的年輕牧師依然秉著愛，不怕被監聽不畏監視，每週一進行和平禱告，讓這個和平禱告形成有力鐘聲，甦醒更多人的靈魂。基督徒聚集禱告就是對東德西德對峙來禱告。**希望求上帝幫助，讓柏林圍牆早日倒塌，東西德人民不再因柏林圍**

牆，阻隔愛。這種愛的和平禱告會吸引許多非基督徒進入教會爲生態、爲人權，爲受害者代禱。

愛香，你知道嗎，那發起「和平禱告會」的年輕牧師當他讀到：

「在黑暗中行走的百姓看見大光，住在死蔭之地的人有光照耀。」（以賽亞書9:2）

他體會到東德人民生活在被監控的黑暗中，他決定付出行動。年輕牧師用一個月時間每天發三支蠟燭給百姓，對拿到三支蠟燭的百姓說：「你看見大光照耀。住在死蔭之地的人有光照耀。」如果你有感動，你也可以如我這樣做。很多有感動百姓就開始自動買3支蠟燭，送給認識或不認識的人。一個人這樣做，十個人這樣做，百個人這樣做……，一片美麗燭光在黑暗中，那麼聖潔那麼和平，彷彿在說自由與光明與人與人之間的相愛。漸漸「和平禱告會」成了「和平禱告的燭火」。

愛香，1989年11月9日夜晚，大約50萬人拿著蠟燭走上街頭，**他們不是暴民，不是搶匪，而是一群心中存著「東德西德和平統一」的夢的人**。這個和平的夢在夜晚的燭光中進行著，這群心中有愛的百姓口中唱著聖歌與禱告。當這批可愛的50萬人在柏林圍牆前唱聖歌；西德人民剛開始以爲發生大火，就近一聽，原來圍牆另一面的東德百姓唱聖歌。

「上帝是共同父親，彼此都是弟兄姊妹。詩歌是共同語言，你們唱，我來和。」就這樣東西德人民在柏林圍牆的內外彼此都唱著聖歌。當晚（1989/11/9）是美麗的夜，衆多天使在天上看這台戲，一定感動得哭。愛香，我寫到這裡，感動是「相愛」

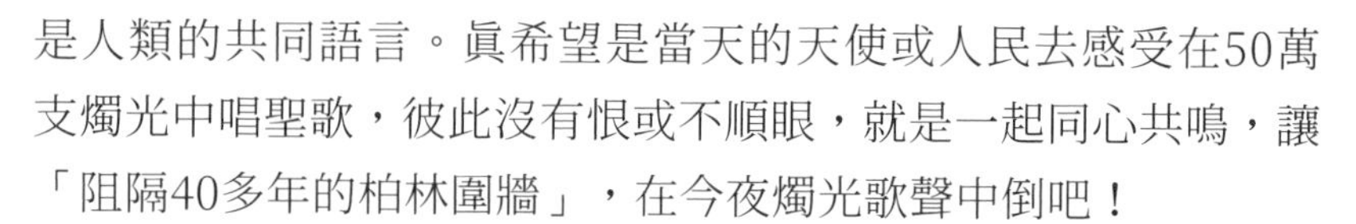

是人類的共同語言。眞希望是當天的天使或人民去感受在50萬支燭光中唱聖歌，彼此沒有恨或不順眼，就是一起同心共鳴，讓「阻隔40多年的柏林圍牆」，在今夜燭光歌聲中倒吧！

東德領導人何內克（Frich Honecker）知道民心所在，當晚放棄用高壓大砲與機關槍掃射，鎮壓所謂「反對政權百姓」。當夜東西德竟然可以自由往來，柏林圍牆就此倒了。在隔年1990年8月31日，雙方簽署《兩德統一條約》，分裂四十多年的德國終於統一；這就是名爲《燭光政變》（一本書的書名）。

愛香，我花了很多篇幅在說「和平禱告會」與「和平禱告火」，**內在有眞誠的渴望：海峽兩岸同爲華人同胞，和平互動往來，和平搭起和平之橋，創造共存共榮的雙贏格局。**「放棄競爭與比較，只需彼此祈福與全體共榮。」（美國心靈作家露易絲．賀說）過多軍備武器競賽與對峙，在過去戰爭歷史中，死的是永遠是無辜大量百姓，造成流離失所的悲劇。多少年輕人死於戰場，即使幸運在民國38年到台灣來，卻一輩子與親人永隔。愛香，我記憶來，親耳聽的老兵故事與別人訴說他爸爸故事與我看抗戰的書《滾滾遼河》、《藍與黑》等書，知道過去國共戰爭的可怕；我想這樣歷史悲劇不要再重演了。

愛香，讓我們一起讚美柏林圍牆的倒塌！**你我今日就爲海峽兩岸的和平來禱告吧**。你從哈爾濱飛來台灣，住在新北投的熱海飯店，爲兩岸和平禱告。你對和平的熱誠感動我。我想禱告從自己做起，然後禱告的火會感染到相同對海峽兩岸和平愛的人。讓我們在有生之年可以看見禱告力量搭起海峽兩岸的和平之橋，衆多白鴿聖潔自由兩岸飛翔。

Chapter 29

讚美
超自然的力量

我相信「永生」，我認為死亡只是一個旅程結束，將進入新的旅程。

——皮爾博士，美國牧師暨心靈作家

2010年智利發生一個巨大災難——「因礦場塌陷，有33名礦工在其中，等待救援。」其中有一位是基督徒奎恩利，他相信：「義人呼求，耶和華聽見了，便救他們脫離一切的患難。」（詩篇34：17），他的上帝，有超自然的大能會帶他們脫離礦災患難，不會被掩埋死去。

在這等待救援中，他們向上帝認罪平日的罪，然後滿心希望上帝不要對他們撒手不管，認罪後他們已經是義人。「什麼時候軟弱，什麼時候就剛強。」當他們軟弱時，那位禱告領袖奎恩利，就在地下700米的小房間迫切禱告。

禱告是直達天聽，是無形的力量。這禱告使奎恩利與32名礦工戰勝死亡恐懼，沒有任何人搶奪少得可憐的食物與水。無形力量支撐他們一日度過一日。**整整69天，被困33名的礦工，日夜都在禱告，這樣禱告中**，使他們患難生信心，相信上帝必會伸出恩手。是的，上帝果真伸出慈愛憐憫恩典的雙手，他們被救了，**他們平安回家了**，他們活著。他們故事被拍成一部電影。

對基督徒來說，禱告就是相信上帝的超自然力量，這股超自

然大力量翻轉生命，帶來滿滿祝福。你相信超自然的力量嗎？超自然力量是看不見摸不著。從小想知道生命意義與對死亡的恐懼的我，在成長過程中，一直飢渴大量閱讀，大量思考，就是想知道是否眞的有天堂與地獄；是不是如中國人說的：「頭上三尺有神明」，即超自然力量。

對超自然的力量相信與否，會影響你對死亡的看法。有人問美國牧師皮爾博士關於死亡的看法。皮爾博士說：

「我相信『永生』，我認為死亡只是一個旅程結束，將進入新的旅程。」

皮爾博士在第二次世界大戰是艾森豪總統隨軍牧師，即使艾森豪問他死亡的看法，他還是如上的回答。一位有名企業家宴請皮爾博士與他企業界朋友，再度問皮爾博士有關死亡的解釋。皮爾博士還是微笑說：

「我相信上帝，我相信超自然的力量。千萬不要對死亡心存恐懼；死亡後又是新生。」

那位企業家聽皮爾博士回答，若有所思點點頭。不久後，企業家去世了。

寫到這裡，那位企業家是否帶著皮爾博士「死亡後又是新生」回答，瀟灑離開人間，我不知道；但相信皮爾博士很堅信有上帝，有超自然力量的態度與言語，必帶給他很大內心安穩力量。

日本科學家也是大學教授村上和雄說：

「我相信超自然的力量。我的宗教體驗和猶太人小孩有共通之處。我自有記憶以來，神的精神世界便與現實世界融合在一起。我的父母親常告訴我『我們在天上有存款』」。

村上和雄是一位學科學的人，還是崇尚精神的世界，相信冥冥之中有股無比偉大的力量，讓你讚美尊崇的。當你相信有超自然的力量時，你就不會覺得天地之間只有你一人，所有苦難你一人扛；或對生老病死無比孤單不安，無比害怕；相反，因你心中有超自然力量的信念：「天公疼誠實善良的人，你是被愛的」，這股愛的信念，同時消除你長久以來恐懼黑影，進而心靈安定平和面對所處環境與希望眼光迎接日出日落。

美國心靈學家珍娜維弗．貝倫德（Gennevieve Behrend）在丈夫去世後，雖然丈夫有留大筆錢給她，她去旅遊世界各地，但世界美景仍無法排除如中國古人陳子昂所說：「前不見古人，後不見來者」的內在龐大孤獨滄桑感。她後來轉向心靈學的追尋與探討。

她花錢到英國向一位思想家托沃大師學習，2年後，她內在非常天人合一，內心澎湃著一股崇高美善力量，她不再孤獨沮喪或害怕，她要告訴世人，宇宙有超自然力量，這超自然力量可以讓你心想事成美夢成眞，只要你相信，你觀想你未來圖畫，這幅圖畫就掛在宇宙間，被祝福完成。

我一向愛看心靈書籍，《你的無形力量》就這樣走進我的心中，產生無比吸引力與影響力。「你的無形力量」這本書成了我專書，時時溫習一幅作者提倡「觀想」自己的願景：

「窗外有藍天，藍天下有一座蘋果園閃閃發亮，玫瑰花處處

微笑；紅瓦綠牆的別墅在其中，一彎清泉蜿蜒在其中寫詩，枝頭鳥兒快樂歌唱，百棵大樹林立朗誦天堂法則，還有大人小孩聊天與遊戲……。」

這就是我的心靈之窗，每次這樣觀看，心靈就不再空虛與流淚了。當我讚美超自然的力量，我感受美國思想家愛默生說的：「我身上有神性，讓我更加堅強，若失去上帝的靈性，我必將醜陋不堪。」

超自然是一種神性，好好讚美這個崇高無比的力量，你將比以前愛自己，愛別人也愛大自然，更快樂迎接每一天，眼光有未來的夢想藍圖。讚美超自然的力量，讓你對死亡會很豁達；你會相信冥冥之中有美善力量，讓你凡事都有可能；祝福你：經歷超自然，讓你偉大堅強且成功。

Chapter 30

讚美一位
堅持到底的贏家

你可以逆轉勝，你可以不平凡。黑夜終究會迎來光明，放棄還言之過早。

——湯澤社長，日本企業家

有時候，我們覺得自己不是幸運兒，為何吃了那多困苦，心難免會沮喪懊惱。但當我們知道很多人不放棄，從無人看好絕望下，創造自己生命的奇蹟，如黎明晨曦照亮自己與別人；你心就坦然接受眼前的困局，思考如何去開創新局。我們現在來看一位日本湯澤社長的例子：

湯澤的父親創立「居酒屋餐飲集團」。他一向跟父親關係不佳，所以他自己在外工作奮鬥。直到父親去世後，他承接爸爸企業，他想以39歲的年輕掌管餐飲集團，進入無窮可能機會，要人有人，要資源有資源，他可以少奮鬥20年。

沒想到爸爸的餐飲集團，只有光鮮的外表，當他實際掌管公司時，爸爸留下債務是40億的天文數字，這個龐大數字，使他瀕臨自殺的絕望，以及想放棄逃之夭夭的嘆氣軟弱。倘若自己真的放棄不經營這餐團，首先連累是60歲的母親。

他，39歲，不願意自己老母親受到父親債務牽連，因為母親是父親事業的銀行貸款的保證人。他是兒子，一位勇敢的兒子，**他願意在這地獄般可怕債務中，想辦法面對**。當銀行要他下

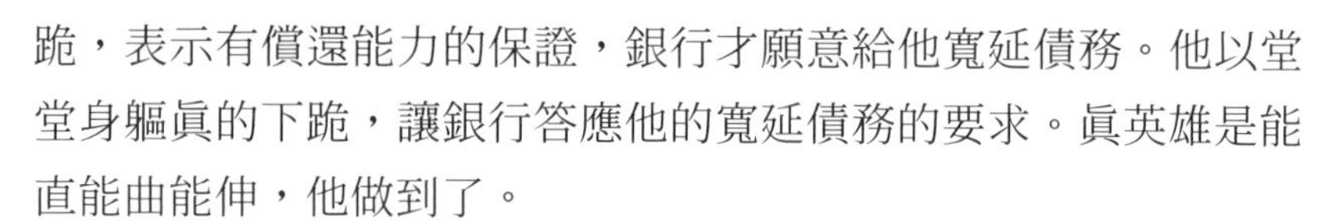

跪，表示有償還能力的保證，銀行才願意給他寬延債務。他以堂堂身軀真的下跪，讓銀行答應他的寬延債務的要求。真英雄是能直能曲能伸，他做到了。

當他決定要大刀闊斧去改變爸爸留下來的慘局，**他發現公司最大財富是人才**。他開始整頓錯誤經營方式，他不要「一直挑剔缺點，而是要學會發現美德。」（華勒思．華特斯（Wallace Wattles）），他用心對待員工，讓員工發揮他們的長才，不再喝酒打麻將。

湯澤社長思考著公司的未來，首先要改變是自己的心態：

「不要去談你財務短缺與限制，這樣你只是唱衰自己。你要持續地宣誓，分秒秒感覺與相信上天會極度加倍你的財富。」（約瑟夫．墨菲（Joseph Murphy））

他一定要創造幸福的天堂企業，讓母親臉上有光彩，自己人生有奇蹟。他要抬起頭，扛起整個公司的未來。

員工們都是一些可造之材，他必須帶動他們邁向更大格局，更多奇蹟願景裡。湯澤社長從那天改變自己心態，「放棄還言之過早」，說得奇怪，當他有了新的態度與思想，各樣出色的點子與創意，就進入他的聰明腦袋中。他不再絕望，而是充滿希望，眼光閃耀鑽石光芒，他要徹底改造父親的「居酒屋餐飲集團」。

當老闆充滿朝氣與決心時，所有員工都感染這份積極正面光明氛圍，大家都在自己崗位上「越做越好」，越來越出色，整個餐飲集團受到顧客的肯定，生意越來越興旺，漸漸由虧轉盈。

「你們祈求，就給你們；尋找，就尋見，叩門，就給你們開門。」（馬太福音7：7）湯澤社長16年的堅持不放棄，一心一意要尋找餐飲集團的希望春天，他知道，總有一天，他會尋見。他全力經營公司，叩成功大門，時機到了，一定會開門。就是這股不願意放棄的心，他率領的整個餐飲集團往前邁進。

漸漸他所經營的餐飲集團從低谷慢慢爬起來，最後一飛衝天。這位湯澤社長在55歲時，2015他償還父親所欠下的40億債務，同時打造新的食品連鎖牌「湯佐和」。在湯澤成功後，他很願意分享那從地獄40億債務低谷困境爬昇到幸福天堂企業，湯澤社長說：

「不論您是中小企業經營者，有志創業者，或者返鄉繼承家業的人；甚至煩惱將來出路的學生，都能看看我這令人匪夷所思的人生經歷。我也曾一心認爲，人生不如意的事十之八九。我恨過我父親爲何留下那麼龐大債務；埋怨員工的喝酒打牌的不長進……；**我也曾想跑路，撒手不管，因爲壓力太大了**。但是相信正面積極的思考，你可以逆轉勝，你可以不平凡。漫長黑夜終究會迎來光明，放棄還言之過早。」

聽湯澤社長一席話，勝讀十年書，很激勵自己面對失敗的勇氣。讚美湯澤社長是一位堅持到底生命贏家。讚美一位生命贏家，同時帶來學習標竿。現在我們就以堅持到底的態度去追求我們的偉大的夢，放棄言之過早，熬過漫長黑夜後，生命贏家裝著滿袋的「夢想成真」光明，點亮世界。

Memo

你很棒，請讚美自己

Chapter 31

讚美向自己推銷自己一萬次——喬·吉拉德

兒子，你要記住全世界只有一個獨特的你，你會成為有影響力的人。

——喬·吉拉德的母親

喬·吉拉德（Joe Girard）出生義大利西西島的小孩，那個年代，那裡小孩做的事：賣報紙與擦皮鞋。

喬·吉拉德的父親是位充滿負面思考的人，他告訴自己的兒子：「你出生不好，你天生注定成不了大事的。」這些消極烏雲的話語日日充斥在他小小心靈中，所以在整個青少年時期，喬·吉拉德認爲自己將來是成不了大事，心情很鬱悶，不但常跟父親起衝突，而且對自己沒有什麼信心，做什麼事情都不對勁；「反正我是無名小卒啦！成不了大事！我父親就這樣說。」他的自尊心墜落到深不見谷底。

喬·吉拉德的母親是位『陽光一吻，烏雲瞬間化爲天堂的繁花』（泰戈爾的詩句）的人。她看見自己的兒子受到自己丈夫負面話語影響，她決定幫助自己的孩子建立強大的自信心。一日，她握住喬·吉拉德的雙手說：

「兒子，你一定要相信你自己；你要相信別人做得到，你也會做得到；**你是位能打開天空的人，個性很堅強很陽光**。兒子，你要記住全世界只有一個獨特的你，你會成為有影響力的人。媽媽相信兒子的未來：充滿萬丈光明；去相信自己有第一名的潛力，你會成大事的，把你父親對你的標籤完完全全撕掉；重新相信自己是全世界第一名的作品。」

當喬（已經移民到美國）在35歲事業跌至谷底，負債累累，全家住在貧屋裡；他決定不低頭，要勇敢向命運挑戰，喬已經把她母親話語一萬次銘記在心版上，「你們既知道這事，若是去行就有福了。」（約翰福音13：17）他是行動派的人。喬每天醒來就說三次好話：「**我辦得到：我要讓今天過得比昨天更好。**」35歲的他，自我推薦到賣汽車公司應徵賣汽車。老闆搖搖頭說：「我們公司只錄取30歲以下的年輕人。」喬不打退堂鼓，他自信說：「請給我機會錄取我，我會賣到公司的冠軍。」老闆看見勇於推銷自己的年輕人，遲疑想了一下，就答應了。

在賣汽車工作出門之前，**喬配戴一枚上面寫有「第一名」的別針**，自我激勵：「我賣汽車的業績會是公司第一名，我相信我做得到，我母親也這樣肯定我。」「我要推銷我自己一萬次，我相信自己就是第一名」，喬在胸前的別針大聲地這麼說。

喬日日告訴自己做得到：是公司銷售業績第一名，不斷重覆說，這樣正面陽光信念一萬次植入潛意識裡，成為喬堅強的勇敢力量，化顧客的奚落聲為讚美，他向顧客推銷汽車，等於推銷自己的人格，信念與誠實；顧客對喬的服務滿意極了，都跟他買車，一傳十，十傳百；有錢的大客戶都喜歡這位別「第一名」別針的銷售員，他那麼有自信，又那麼願意謙卑服務，時時露出陽光的笑容。

他的業績不斷攀升再攀升；喬終於實現對老闆的承諾：以

35歲的高齡（在他的公司）成爲公司業績王牌，同時改善他全家命運，太太與孩子終於可以從貧屋搬到幸福大廈。後來他還繼續努力，**以相信自己是命運中第一名的信念，成爲「賣向巓峰」全球汽車銷售第一金氏紀錄的保持人**。喬太榮耀了，美夢成眞啊！

以上就是喬．吉拉德的故事。讚美這位向自己推銷一萬次，別上第一名胸針的自信人物。從今天開始讓我們見賢思齊，學習喬．吉拉德在鏡子面前推銷自己：「我是生命中第一名；別人做得到，我也做得到。」一萬次向自己推銷，打開天空日子就不遠了。

Chapter 32
讚美恆毅力的冰上皇后

我不斷練習再練習，每天接近4小時艱苦訓練已經是生活的主要元素。

我是關穎珊，從小成長香港貧民區，後來，我的父母移民到美國。我的父母在中式餐館打工。我很感謝我的父母，當他們發現我對溜冰有興趣，想要栽培我成爲專業的溜冰選手，所以更努力打拼，每天延長工作時間賺錢栽培我學習溜冰，希望華人子弟能夠在美國出人頭地。

我是位很能吃苦的孩子，每天淸晨不到4點就開始在運動場地練習。我心裡知道：**只有溜冰冠軍就可以改變自己的貧窮命運**。所以我風雨無阻，沒有假日練習，就是要在溜冰場上拿冠軍。

「當人全神追求一樣東西的時候，也正是人最接近天地之心的時候。」（保羅．科爾賀（Paul Coelho））在我每天溜冰長達3~4小時中，我感受自己在溜冰輕盈中，很接近完美天地，我的心是高超卓越，超越庸俗紅塵，一顆心有時在星星說話，有時在月亮漫步，更有時是在一個浩瀚的小宇宙上飛揚，如小王子與玫瑰對話，接近「天地之心」的出塵美好。**雖然我小小年紀，內心澎湃是世界舞台的完美演出鏡頭。**

我不斷練習再練習，每天接近4小時艱苦訓練已經是生活的

主要元素，因爲父母的愛支持，我唯有努力再努力，永不放棄自己對溜冰的熱愛，我才可以在溜冰場上得勝，拿到冠軍。**只有透過我這個精益求精專業，才能讓我美國社會平起平坐，且贏得掌聲**。有人說我早熟懂事，我知道是父母得給予我的愛，父母本身移民到美國打工的吃苦，讓我學會堅強與勇敢，去接受在別人眼中爲嚴酷的溜冰訓練。

黎明卽起，摸黑就出門。遇到雨很大，風很狂的日子，我依然出門在溜冰場練習，天天如此；月月如此，年年年如此。皇天不負苦心人，因爲我「恆練習」，在溜冰場的競賽，拿到無數次冠軍獎牌，我已經是觀衆中的焦點（嬌點），被媒體報導的對象。

後來，我成爲代表美國參加奧運比賽，拿了2枚冬季奧運冠軍。在運動生涯就拿到共拿了5面世界冠軍，是美國有名華裔溜冰冠軍皇后。我的名字不只成爲美國家喻戶曉的名字，連中國與台灣都在報導討論關穎珊溜冰的完美表現。

在結束運動生涯後，我很淸楚：「我知道我不能一輩子滑冰，我得有更好的出路：進入丹佛讀大學，開始一種全新的大學生。」在畢業後，到波士頓塔夫茨大學弗萊徹學院攻讀國際關係碩士學位。

我在溜冰場上得勝得冠軍，是冰上皇后。但在婚姻上，我卻落敗了，是輸家。在33歲跟高官兒子結婚，結婚4年後，男方提出分手，且要我（關穎珊）付高昂的離婚費用。冰上皇后「被離婚」，被報紙放大討論，「被離婚」是羞恥的事，不光彩的事，但我告訴自己要笑，患難中要歡歡喜喜（羅馬書5：3），被高官兒子離婚後的自己，我依然露出自信笑容，「女人，你的笑聲藏著生命之泉的樂音」（泰戈爾詩人），我以笑聲代替哭聲；以笑聲代替控訴我前夫的不公；我要歡喜精彩活著。我要用自己的專業讓自己經濟獨立自強，發揮我的影響力。目前我正在做：

「我不僅能和執政的領袖一起參加運動、一起宣傳體育活動的重要性，還能鼓勵學生們少看電視、多運動、少吃垃圾食品。大力支持孩子們過健康積極生活，這是我現在的使命。」

這就是我關穎珊人生前半場的故事：小時候清晨4時練習溜冰就是爲了拿冠軍來改變貧窮的命運。被離婚冰皇后的我，收拾沮喪的心情，我讚美自己：

「我有從小不斷練習的一技成長，拯救自己，以體育專長，投入服務人民的行列。」

現在我不放棄被離婚自己，保持一顆希望的心。我要讚美自己：被離婚後的冰上皇后，有不服輸運動家的精神，繼續往前奮鬥，要去攀登自我實現高峰。

願我前半生的故事，帶給你一些有關人生追求的思考。

Chapter 33

讚美自己：懂得感恩

懂得感謝，將會讓你的心靈與宇宙的各創造能量建立更密切和諧關係。

——華勒思．華特斯，美國心靈學家

依依是教會小組的姊妹。在去年（2020年）幾乎整年都在面對復發的乳癌。我們小組爲她不住禱告，希望依依趕快恢復健康，享有正常的家庭生活，不再往醫院跑。

一年後，傳來好消息，依依勇敢打敗復發的乳癌，恢復健康。我們小組姊妹爲她感到雀躍高興。因爲知道依依在這一年面對癌症的複雜心情，是筆墨難以形容的焦慮不安；外人無法眞實察覺她孤零零面對化療的恐懼……；種種煎熬與苦楚，依依度過來了，挺過來，電話一端的她，聲音平靜清朗快樂。

依依在恢復健康時，她寫下她的病得醫治見證，細細閱讀她的見證，都來自她一顆「凡事感恩的心」，她的感恩對象：從主耶穌，醫治她的醫生、護士；到她的先生，一對兒女，教會的姊妹，油畫班的同學，陪她散心朋友等等，都是她感恩的對象。她感謝事情太多，她寫了三十項。以下節錄她三十項感恩事項中的四項，如下：

★感謝主！這次生病住了19次醫院（18次化療加1次手

術），每次住院都有親愛老公先生、孩子的陪伴，每次的化療、電療都照著醫師們的計畫進行很順利，都有過關。

★感謝主！生病期間，曾經跟先生提離婚一事（不忍先生跟我受苦），親愛老公不搭理，依然爲我準備早餐，水果。當我負面念頭襲擊，心情不好時，總會跑到淡水，那是當年拍婚紗的地方，我總是跟神哭訴說話，看著水面上的浪花，似乎神在回應我，眼前的生大病，是祂提升我的靈命，祂已爲我預備更豐盛富足的生命，讓我的未來更好。

★感謝主！賜給我一群教會的好姊妹們，時時爲我代禱，私下都會爲我禱告，鼓勵、關心我，來看我；我愛這些好姊妹。

★感謝主！在這四百多個日子裡，每天持續不間斷寫感恩日記，因爲這一年我所擁有的，比我失去的還要更多；超乎我所求所想的。感謝讚美主。

自己在閱讀依依的在長達一年，接受乳癌治療後，30個感恩見證時，我體悟：感恩是良藥。由於依依心存感恩，不埋怨神爲什麼讓她得乳癌；她將聖經所說：「要常常喜樂，不住禱告，凡事謝恩。」（帖前5：16–18）實踐出來，每天寫感恩的日記，參與教會小組中的禱告，依依很樂觀勇敢堅強，不抱怨不憤怒不低頭，她仰望神，仰望那片生命健康的天空，及生活中的美好的人事物。正如十八世紀偉大作家塞謬爾·詹森（Samuel Johnson）的信念：**「習慣只看事物美好的一面，這樣做比每年賺1000英鎊更有價值。」**

當她心情低落時，她跑去她最愛地方——淡水，是她拍婚紗地方，去尋找自己的美麗的希望，而不是任自己被所有負面念頭

困居在家裡；她看見醫生的精準技術，老公不離不棄的眞愛、貼心一對兒女與教會姊妹探望與禱告……，**依依眼睛所看：事物美好一面，感恩心油然而生**，所以在恢復健康見證時；才洋洋灑灑寫出三十項感恩事情，若由她用說，應該可以說出更多。因爲感恩的人，時刻在感恩的裡。

心靈學家華勒思·華特斯（Wallace Wattles）說：「懂得感謝，將會讓你的心靈與宇宙的各創造能量建立更密切和諧關係。」一位懂得感恩必受上帝的憐愛，必將長壽與救恩顯明於他。感恩的心是宇宙的最充沛的正能量，吸引醫治與平安與快樂。希臘諺語：「**忘恩的人落在困難之中，是不能得救**。」一位懂得感恩的人，必有常常喜樂的心，一張笑容。忘恩的人，常四處發牢騷，抱怨社會與命運不公，心是愁苦，笑也笑不出來；幫助他的人因他的忘恩，不再想幫助他。

讚美自己：懂得感恩。依依就是心中有感恩有讚美的人。依依在生病期間，她稱謝主，讚美主，她每天連結上帝，讀聖經的話語爲她的力量。依依精神好時會畫畫，參與畫畫班的展覽。由於她時時感恩的心，周遭的親人朋友很樂意且眞心幫助她。依依乳癌二期，經過一年醫治，感恩的心是良藥，這帖良藥讓她恢復健康，且趕走憂慮的祕方。相信依依不久將來將拾起畫筆，繼續美麗她人生的畫布。最後以戴爾·卡內基（Dale Carnegie）的話爲本文的結束：

「每天早上細數著自己多少件值得感激的事，這是我做珍貴的財富。我眞的感到慚愧，**直到站在死亡的恐懼面前，我才開始學習如何活著**。」（2021/03/26）

Chapter 34

你是大人物，不怕蒙羞

不管你是誰，即使美國總統都無力阻止他人的侮辱。蒙羞不是壞事，乃是測量你能力的尺規。

——石油大王洛克菲勒

當你蒙羞時，你該怎麼辦？從此不出家門，逃避人群嗎？還是跨出一步的信心，讓自己變得更好？

當你蒙羞時，你該怎麼辦？石油大王洛克菲勒（Rockfeller）說：

「不管你是誰，即使美國總統都無力阻止他人的侮辱。蒙羞不是壞事，乃是測量你能力的尺規。尊嚴不是別人給予的，是你自己締造的，如果有人傷害你的尊嚴，你要不爲所動，當你相信自己，與自己和諧一致時，你就是自己最忠實的伴侶；也只有如此，你才能做到寵辱不驚。」

當你蒙羞時，不是讓自己逃避一切，無法見人；請相信自己，出生不平凡，冷靜反思與奮發向上，茲提供3個絕地反攻的祕笈：

請相信自己是大人物

被侮辱蒙羞，心情是沮喪甚至憤怒，也是士氣低落低迷時，不禁懷疑自己的能力及價值。安東尼．羅賓（Anthony. Robbins）說：

「我相信每個人都與生俱來就有成爲英雄的本質，只要我們有勇氣、有膽量、敢跨出那崇高的一步，日後終必使世界變得更美好。」

每個人都有偉人的本質，不要因一時蒙羞就懷疑本身潛在的優點，你沒有發揮的能力還更多。你是上帝的兒女，你一定要將自己看做大人物，據你所知歷史偉人都曾經遭遇很大艱難，所以蒙羞是艱難中的小艱難，你絕對有磅礴力量勝過它，如泰戈爾的詩：

「塵土收下垢辱，開出鮮花作爲回禮。」

我自己在生命史上有個蒙羞大事件，讓我走路低頭一年之久，且自我隔絕人群。後來知道自我隔絕是無法去除內心的羞恥。我必須尋求更崇高力量，即被我疏遠好多年的上帝。

當我走進教會，我在教會，認眞尋求上帝，閱讀聖經，尋求眞理，要尋求未來榮耀的出路，讓蒙羞事件成爲祝福。我漸漸明白蒙羞事件所帶來的意義：

「要相信自己是上帝尊貴女兒。上帝是萬王之王，是全世

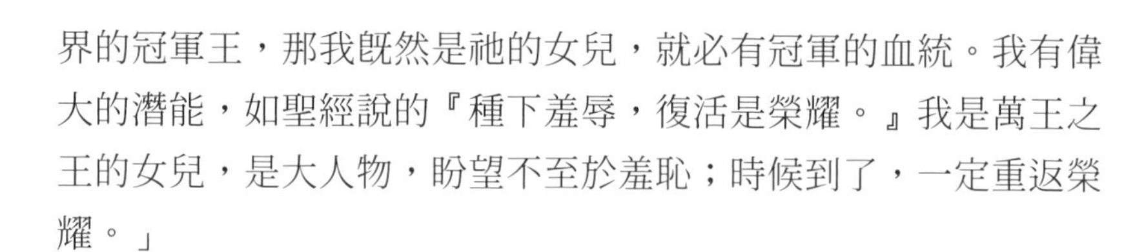
界的冠軍王，那我既然是祂的女兒，就必有冠軍的血統。我有偉大的潛能，如聖經說的『種下羞辱，復活是榮耀。』我是萬王之王的女兒，是大人物，盼望不至於羞恥；時候到了，一定重返榮耀。」

後來閱讀烏克蘭牧師作家桑戴・阿得拉加（Sunday Adelaja）在《爲神作有錢人》寫著：

「你必須相信自己是個大人物，或者自己十分重要。因爲耶穌說，我們是世界的光，我們應該負起改善世界的責任。」

閱讀台灣有名心靈作家何權峰的書《格局，決定你的決局》寫著：

「氣度變大，抱怨就變小；胸襟變寬，路就變廣；格局夠大，問題就消失不見。」

當我定位自己是大人物時，眼前蒙羞，就是我展現格局，改善世界責任的時候。就這樣我比以前更勤奮，更有信心，更堅強活著，一定要重返榮耀。幾年後，我出了書，開了畫展，早已告別當年那位因蒙羞看不見未來的自己；朋友們都訝異我的大轉變，給予我很多的肯定讚賞。

冷靜反思

人被蒙羞，也許是你在某方面疏忽或是出身背景或他人惡意的攻擊。你冷靜反省，提問：爲什麼被自己蒙羞？好好反省了解原因，才能面對解決。若自己能力不足，就擬出計畫，如何「士別三日讓別人刮目相看」，如果是別人惡意侮辱，就讓荒漠甘泉的話語滋潤你的心：

「歡歡喜喜的忍耐——是最美麗的忍耐，忍耐有讚美快樂，叫我們在忍耐中得著豐富的果實與恩典。」

自己蒙羞最怕是無法忍耐，很衝動想要對別人報復。以惡制惡，對別人報復，對自己別人都是傷害。冷靜下來面對就是忍耐功夫，反省自己的優缺點，如何從蒙羞這件事得到益處。

奮發向上

中國漢朝韓信在青少年期間，一日走在街道，被幾位流氓嘲笑，要韓信從他們跨下爬過去。韓信忍著一口氣，眞的按照幾位流氓的話去做，當時圍觀人笑哈哈。聰明韓信因爲衡量當時情勢無法與他們惡鬥，忍受一時「胯下之辱」，從此奮發向上雪恥，當漢朝大將軍。

石油大王洛克菲勒小時家境貧窮，所以當學生的他總穿非常單薄寒酸。一日攝影師到學校爲他班上拍合照，班上同學都穿了體面貴族。所以攝影師爲了整體的美觀，把洛克菲勒叫開，不讓他參加合照。**洛克菲勒被蒙羞了，當時當學生的他就立下要成爲有錢人的目標**。他奮發向上，多年後，不只是有錢，而且還成爲全世界富豪之一。

蒙羞不是壞事，你是位上天要栽培的大人物，因你自己因蒙羞事件，成爲一位奮發向上，寫下後來滿滿光榮事蹟。眞心祝福你：你是大人物，將蒙羞化爲榮耀，後來的成功成爲勵志教材。

Chapter 35

讚美自己：想當智慧的妻子

才德婦女誰能得著呢？……。她觀察家務，並不吃閒飯。她的兒女起來稱她有福；她的丈夫也稱讚她。

——聖經

佩佩，一直很喜歡你這位很年輕的姊妹，你只比我家女兒大2歲，所以看見你，總會關心你的近況。你剛結婚不久，剛踏入婚姻的世界，你與另一半要建立幸福的家。

佩佩，昨日你問到：

「我所接觸的女強人，不少人是離婚的；是不是愛情與事業很難兼顧？」

佩佩問得好。佩佩剛結婚，本身有一份美好工作。最近在思考自己已婚角色，家庭與工作時間如何兼顧。「如何經營一個幸福婚姻」是智慧妻子在走進婚姻中，很重要的思考。當佩佩在思考當智慧妻子時，你可以閱讀聖經箴言31篇：

「才德婦女誰能得著呢？她的價值遠勝過珍珠。她丈夫心裡倚靠她，必不缺少利益。……她開口就發智慧，她舌上有仁慈的法則。她觀察家務，並不吃閒飯。她的兒女起來稱她有福；她的

丈夫也稱讚她。」（箴言31：10—11、26–28）

佩佩，將聖經箴言31篇成爲一位智慧妻子的箴言。她開口就發智慧，你也是開口發智慧，將你的丈夫當作偉大丈夫看待，看見他的長處，時時讚美他。對於丈夫的缺點要「仁慈法則」，絕對寬容，幽默對待。

昨日，我告訴佩佩，夫妻間最好有幽默元素。對於缺點，以幽默對待，而不是批評得體無完膚，讓對方自尊心受損。丈夫缺點以笑置之，改變自己：有顆容忍異己的心，這樣彼此互動就笑容以對，甜蜜以對；幽默以對，這樣丈夫必在家裡如沐春風；不會逃之夭夭，想離開家。

佩佩，你有位婆婆；你對待婆婆也是舌頭仁慈法則，把當作另一個慈母，嘴巴也是很甜，常說些甜蜜蜜的話，讓婆婆笑得合不攏嘴，覺得自己有位很貼心的好媳婦。婆媳關係融洽，你的丈夫會很高興，放心在事業打拼。不少婆媳關係鬧僵是會影響夫妻的感情。所以智慧妻子愛丈夫所尊敬的母親，丈夫更感謝你的付出，相對會更疼愛你。

有些事業女強人，花很多時間在工作上；卻花很少時間去經營婚姻，當然付出等於回報，付出少的婚姻，婚姻可能就破碎；我想破碎的婚姻，在人生是有缺憾的。

美國企業家洛克菲勒告訴他的女兒伊莉莎白說：「**過度女性解放動和男性優越主義一樣討厭**。因爲兩者都會給任何事業帶來時間、效率和利益方面的巨大損失。」很多事業上成功的女強人，回到家可能還扮演強者的姿態，讓丈夫覺得自己是能力不足，不是一家之主。長期下來「男卑女尊」，婚姻遲早會出問題。

現代女性生長在法律平等的時代，就學機會與工作機會平等，所以非常多女性在工作都有一片天，擁有亮麗成就的自我實現，且有幸福婚姻，這是21世紀女性幸運的地方；但不少成就女姓因破碎婚姻，心靈留下感傷遺憾與空虛黑洞。

21世紀智慧妻子是可以家庭、事業兼顧。德國總理梅克爾當總理，照樣她「觀察家務，並不吃閒飯。」國事家事一一觀察操勞。這樣智慧態度適用同樣紐西蘭總理傑辛達．阿爾登（Jacinda Arden）身上。紐西蘭總理傑辛達．阿爾登37歲當總理，任內生小孩，還帶Baby去聯合國開會。

智慧女性一但決定要走進婚姻，就要改變自己單身女性嬌貴心態，認識妻子的角色，家務事與工作皆並駕齊驅，讓自己丈夫回到家，眼目所見個乾淨有條理的擺設，飄著飯菜香，一位女主人認眞操勞家務的高貴背影，心裡踏實幸福溫暖。

佩佩，是位智慧聰明，個性溫柔又善良的女性。很欣賞你在離婚率高的台灣，勇敢選擇走進婚姻，來建立幸福的家。幸福婚姻是人生偉大的夢，在這大夢裡，是所有夢想搖籃曲地方。**丈夫因才德妻子，實現夢想；孩子因才德母親得到栽培照顧，成就自己的人生事業，所以家是築夢孵夢的地方。**

讚美佩佩想當智慧妻子，請佩佩讚美自己：想當智慧的妻子。想當智慧的妻子就會對智慧妻子的思維一再思考，且閱讀相關書籍加以實踐，並向幸福婚姻人請教，了解幸福婚姻的哲學。祝福佩佩：一位智慧妻子使丈夫一生受益，成爲丈夫偉大背後的美麗才德女人，是丈夫永遠感謝對象。

Chapter 36

在新冠疫情危機中，你很重要

越看新聞報導心越擔憂；越擔憂，就生活在恐懼中。越恐懼，免疫力越低。

昨日是星期日，下午4點多，先生與我到新北投戴著口罩散步。發現昔日人來人往的新北投的溫泉博物館，商店，大都是呈休息狀態，走在綠徑看泉聽泉的人，寥寥無幾。回家時後順便到店家買了明天早餐要吃的原味蛋糕，問賣的人，有沒有受影響，她說，當然有啊。影響最大是新北市的淡水老街，聽說，以往人潮洶湧，熱鬧非凡，現在冷冷清清的。先生與我都點點頭，知道台灣正處在新冠疫情的危機中。

雙北市（台北市，新北市）疫情嚴峻，已經警戒到第三級。從上星期四開始，手機就被疫情訊息充滿，人人充滿危機感，基於愛，只要有利防疫的實用訊息，都會傳來。關心疫情的人一直盯著最新疫情新聞。這是最危機時刻，如士林靈糧堂主任劉群茂牧師說的，他週日講道已經超過30年了，2021年5月16日的講道是第一次對空無聽眾的會堂講道，大家只能線上聽道。5月17日，雙北市柯文哲市長與侯友宜市長已經宣布，雙北市高國中生以下停止上課。**很多上班族在家上班，公務人員彈性上班，室內不能超過4或5人。**

記憶以來，口罩只是偶爾才戴上，大家無罩一身輕；自由旅

遊來往。從去年到今年已經戴口罩整整超過一年，不敢出國門。去年到現在，雖不方便，感謝台灣防疫有成，被世界看見讚許。

好景不常，台灣防疫有漏洞，加上台灣施打疫苗普遍率低，因此染疫人數增加迅速，台灣在國際被讚許防疫成功招牌已被拿下；此時此刻，疫情來勢洶洶，新冠病毒如行走大街小巷的巨獸，在尋找可吞吃的人，人心惶惶，危機感重重。

在這樣「現在有雲遮蔽，人不得見穹蒼的光亮。」（約伯記37：21）的黑暗時刻，我們該如何自處？

恐懼的心，是因為你過多擔憂

雖雙北市疫情很嚴峻，有史以來最嚴重的疫情風暴，尤其知道印度4月到5月16日來，印度新冠病毒死亡人數已經超過27萬人次，印度死亡慘烈會在心田上形成陰影，對於新冠肺炎的恐懼油然產生。

我們在這波疫情中，請不要恐懼，但可以自律。每個人服從政府各項規定，確確實實做到，但心要放輕鬆，不要隨時隨刻盯著電視或網路看，越看心越亂。宅在家裡，就宅在家裡上班，心光明上班；不用上班者，看看好書，看看好電影，寫寫東西，畫畫山水；唱唱歌兒；煮煮新料理，甚至安靜研究新東西。北京作家趙星說：「玻璃心，是因爲太閒。」在家裡有目標的忙碌，一天新似一天。我說，恐懼的心，是因爲你過多擔憂。心放輕鬆，每天按照自己的計劃表，讓自己有意義的忙碌著，早晨起來就宣告：

「最好的健康，是屬於我。」

當你這樣宣告，你可以想像自己很健康活力度過這場危機。這樣宣告加上想像，會讓你心情愉快，將對新冠肺炎的煩惱拋到九霄雲外去。

心靈學家珍娜維弗・貝倫德（Genevieve Behrend）說：

「即便是恐懼，也因信念而壯大。你害怕疾病，那是因爲你相信你可能接觸到它。想法之間都有物以類聚的特性；**所以對於所有不是想要的現象，就拒絕產生關聯。**」

不要整天無所事事，時間多了，就一直看新聞報導，越看新聞報導心越擔憂；越擔憂，就生活在恐懼中。越恐懼，免疫力越低。當你擔憂時，你就宣告你很健康。拒絕產生「我會不會新冠肺炎確診」的關聯；烏雲另一面是光明，多做一些有意義的光明事，根本沒空擔心自己會不會確診。牛頓在英國倫敦當時發生鼠疫，死亡慘重；他是劍橋大學的大學生，就疏散到鄉下，閉門研究他喜愛科學。在他閉關沒到學校一年半日子，他不受鼠疫影響，反而在科學上有新的發現。

在新冠疫情危機中，你很重要

在台灣嚴峻疫情中，你扮演很重要角色。不要認爲自己不是市長或大老闆，就抱著「不差我這個人」態度，很隨意很散漫；該戴口罩，隨意戴一下：聚會，反正天高皇帝遠，10個聚在一起喝茶聊是非，只要不被警察發現就好；在疫情上無法扮演嚴肅對待這件事。有道是：「國家興亡，匹夫有責。」也許就是你不聽話，到了不該去地方或出門都不戴口罩，結果你確診了，你成

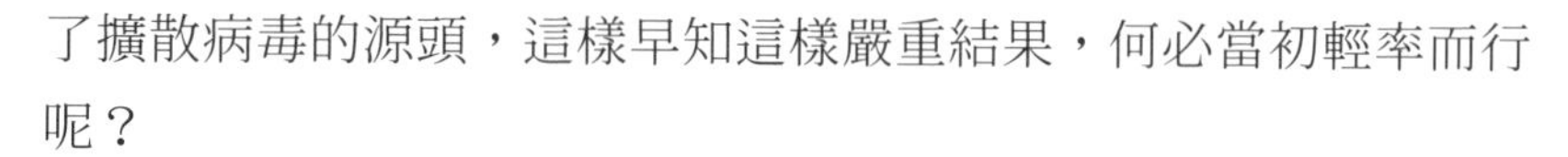

了擴散病毒的源頭，這樣早知這樣嚴重結果，何必當初輕率而行呢？

台灣在這波嚴峻的疫情當中，無論做什麼，每個人（不分男女老少）在抗疫成功歷史中，扮演重要角色。全世界現在正擦亮眼睛看台灣人在這波第三級疫情中，表現如何。團結力量大，每個人在自己位置扮好自己角色應做的事，台灣是在與瘟疫巨獸拔河，什麼時候鬆懈，什麼時候就輸；什麼時候團結，什麼時候就贏。

土耳其人吳鳳，現在是台灣女婿，他對台灣深具信心，他說：「**這些日子會過，我有信心，天佑台灣。**」今天我如往常到社區公園跑步，人人都戴著口罩，連平常會坐在涼亭聊天的阿嬤，都不再相聚了，大家各自散步。我戴著口罩跑步，看見有2位跟我一樣跑步人也戴著口罩跑步，我心很高興，大家真的嚴肅對待，自律自重，有水準。

是的，天佑台灣，我如吳鳳，對台灣這波防疫有信心，台灣人每個人都特優（A+++），每個人都是重要角色，在抗疫上扮演超人，心勇敢充滿信心，「我不至於死，必健康平安活著」，幾週後，讓世界再度看見台灣人已經化危機為轉機，再次樹立防疫成功的標竿。（2021/05/18）

Chapter 37

讚美
禱告無形的力量

今年（2021年）3月下旬，我開始祈禱天降甘霖在台灣中南部，解除中南部的旱象。5月底，慈愛的上天，眞的下雨在中南部地面上，見底水庫再度有水進來，中南部限水旱象也解除了。住在台北的我，其心情如中南部人欣喜若狂，因我祈禱中南部下雨，至少2個月之久，**見到自己祈禱蒙應允，當然開心。**

以前的我不會祈禱，卽使在面對危機或考驗時，就是心慌亂，手發抖。面對社會不公的事，就是直接批評；處在低谷時，只有掉眼淚，心事無人知。我的問題還是問題；欠缺信心的個性還是我的個性；走在曲折小道，常有「前不見古人，後不見來者」的孤寂感；尤其在多年前，感冒一個月咳嗽還在，懷疑自己是不是生重病……，生活中總是不如意事十有八九。

直到我進教會，找到自己的信仰。在教會中學習禱告，爲自己難處禱告。我剛開始不會祈禱，看弟兄姊妹怎麼一個比一個會禱告，鏗鏘有力，留下很驚訝的印象。在教會聽了很多弟兄姊妹因祈禱，**兒子考上台大；一位姊妹重病竟痊癒了；蹺家女兒回家了；有位弟兄因生意失敗負債一千萬，竟在10年內還清了**……；基督徒不能作假見證，我看見那些弟兄姊妹臉上映現光輝的笑容，「祈禱這麼大改變力量啊！」心裡油然有這個聲音迴盪著。

我有願意學習祈禱的心，我就把我要禱告的事情，寫在筆記

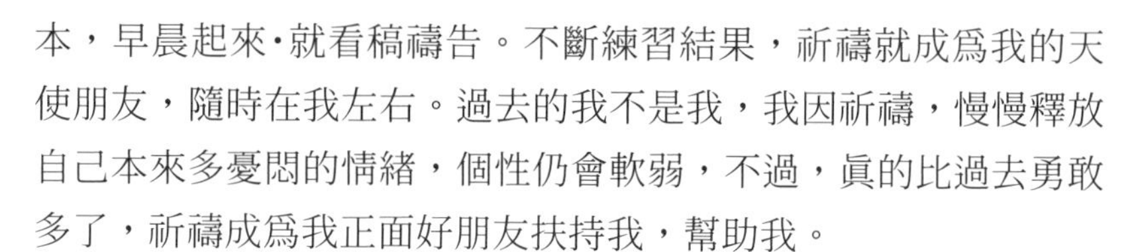

本，早晨起來‧就看稿禱告。不斷練習結果，祈禱就成為我的天使朋友，隨時在我左右。過去的我不是我，我因祈禱，慢慢釋放自己本來多憂悶的情緒，個性仍會軟弱，不過，真的比過去勇敢多了，祈禱成為我正面好朋友扶持我，幫助我。

不是所有祈禱都能實現，但你抱著豁達心胸：「是你的，因祈禱加速到來；不是你的，當然祈禱會落空。若是屬乎你的，有時候會慢幾個月或幾年或更長歲月；總之耐心等候也是好品德養成之一。神的旨意高過我們的旨意。」

有人祈禱要**中樂透，一夕發財或做一些投機生意大大成功，這些都是巨大的妄求**，我想崇高的神，當然不會讓你祈禱實現。中國人最常說一句話：「命中有時終須有，命中無時莫強求。」人的有錢與成功，上天都希望你老老實實工作二三十年，規規矩矩做光明事來獲得來實現，不會因你整天祈禱，懶惰不做事，就讓你家財萬貫，或讓你發橫財心安理得一輩子。「天道酬勤」幾億年一直這樣運行著，真理也是如此彰顯。

新冠肺炎從2020年的年初到現在2021年6月分，已經囂張暴虐世界超過一年了。新冠肺炎是一種看不見的戰爭，一種對人類人心的攻擊。多少人因新冠肺炎死亡人數在報紙、網路被報導，恐懼的情緒瀰漫在心中，擔心下一個會不會是我。我們都不是神，對於新冠肺炎，恐懼害怕情緒都會有，當你心驚惶睡不著；或出門買東西就會緊張，呼吸急促（我的朋友，先生過世，兒女在國外，她一個人住，她如此說）若有這些不安惶恐的心情，很正常，人面對天災人禍，心碎痛苦流淚的經歷比比皆是。

在你面對全球性新冠肺炎撒野之際，你很緊張孤單時，你可以這樣祈禱：「**我有神保護，天使在左右，一切健康平安。**」隨時祈禱，一天十次都不嫌多，只要你心不安，就祈禱，這祈禱

會讓你覺得有正面力量在心中。對於無形崇高的神存在，相信比不相信帶給自己好處多，尤其處在危機中，這是很多人的親身經歷。

祈禱是正面的宣告。祈禱肯定好事來臨的聲音帶給你一雙希望眼睛，看見壞事必逃走，喜事再度光臨。當台灣處在新冠肺炎疫情警戒三級時，教會牧者知道千萬人禱告力量大，所以在台灣有需要時，他們都會挺身而出率領各教會弟兄姊妹爲台灣疫情來禱告，以行動來愛台灣並祝福世界。

祈禱是一種正面能量循環，重覆千次萬次，都帶來無比奇蹟的結果。**聖經中摩西因祈禱，浪濤洶湧「紅海」成陸地**，以色列人可以走路通過，躲過埃及法老大軍追殺。聖經另一個故事**希西家因祈禱增壽15年**。在20世紀中，礦工在深陷地底下超過50天，因祈禱獲救生還。

四位年輕人因戰爭飛機被打下，流落在無人荒煙的大海邊，因祈禱，再度被看見，平安歸來。每個人都可以祈禱。聖經云：「應當一無掛慮，凡事藉著禱告，祈求和感謝。」（腓立比書4：6）祈禱是天梯，將你所需要直達天庭，獲得上天幫助。美國心靈潛意識學家約瑟夫．墨菲（Joeseph Murphy）在《潛意識的力量》說：

「**每個人都可以祈禱。讓祈禱成爲日常生活一部分。**心願就是祈禱，祈禱得到回應，就是心願獲得實現。祈禱很簡單，不用太冗長，用簡潔話語明確說出來就好。克服負面的情境，就以正面情境取代。要有一顆相信的心，懷抱你的心願輕鬆完成，如聖經說：『凡事禱告祈求的，只要相信得到，就必得到。』想像一幅圓滿結局圖畫吧！」

「你不只爲自己祈禱，也爲你所愛的人祈禱。你的祈禱在宇宙主觀心智運作下，你所愛的人會感受到。」

你的祈禱力量大。**我們在宇宙如小孩，藉著如小孩單純相信的祈禱，宇宙大人會傾聽，幫助你脫困而出，心想事成**。我讚美禱告的無形力量。我相信禱告力量大，祈求必實現，帶來生命的好福氣。祝福閱讀本篇的你：安然度過新冠肺炎危機，健康尊貴長壽屬乎你；幸福的花朵在你家綻放。（2021/06/08）

Chapter 38

讚美自己：真心寬恕自己過錯

生命是愛，會永遠原諒你。

——約瑟夫．墨菲，《潛意識的力量》作者

某些人的記憶都有一些自己犯下錯誤的陰影，若因自己錯誤，就躲在某個生命角落，無法前進；你的生命就沒戲唱了。

我自己因有無法寬恕自己的事件，以致很多年做什麼事都覺得卡卡的，失去青春女孩原本的輕鬆與快樂。所以對「寬恕自己」這個課題很關心。

學生年代大約18歲吧，結交異性筆友。兩人斷斷續續通信約2年，第一次見面很沉默，也許對他的長相或學歷不滿意，或是長久孤獨壓抑個性所致，總之當時我就是幼稚青澀不成熟，見面過程不說話，沉默徹底。在兩個推著腳踏車，臉上都寫青春兩個字的學生，卻表情凝重無法快樂交流。兩人要離開時，我開口說話了，叫對方不要再寫信來。兩年後，他自殺了。

當我知道這個悲劇後，我對他的原生家庭不熟，他的早年遭遇總總無所得知；他的內在問題是什麼與真正思考是什麼，哪些嚴重事困擾他；他心中有什麼懷疑的，難受的，或對未來怎樣悲觀……，當時20歲的我，全部對他的背景與心靈的徬徨一片空白；我們談不上是男女朋友，只是斷斷續續通信2年的筆友而已。

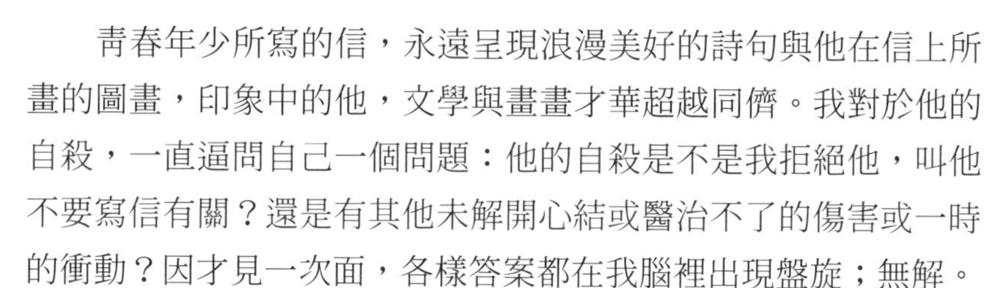

青春年少所寫的信，永遠呈現浪漫美好的詩句與他在信上所畫的圖畫，印象中的他，文學與畫畫才華超越同儕。我對於他的自殺，一直逼問自己一個問題：他的自殺是不是我拒絕他，叫他不要寫信有關？還是有其他未解開心結或醫治不了的傷害或一時的衝動？因才見一次面，各樣答案都在我腦裡出現盤旋；無解。

我「不寬恕自己」之隱痛長達二十多年，雖然我寫8萬多字〈青鳥飛〉來敍述兩人通信內容，與我的當時讀師專鬱悶的情緒；八萬字有梳理自己內在痛點，不過還是自責。在那些自責歲月，我發現自己進步很慢，得到某些成功，還是在內心深處，覺得自己不夠好。

直到我閱讀美國潛意識作家約瑟夫．墨菲（Joseph Murphy）分享案例，讓我對寬恕自己個課題，有很深的看見與釋放：

「亞瑟多年前在歐洲殺了一個男人，他來找我的時候，精神已經飽受折磨，痛苦極了，他相信神必定因爲他可怕的行爲而懲罰他。我問他發生了什麼事，他說他發現那個男人和太太有染，他是在出門打獵回家時，無預期撞見他們，並在狂怒之下射殺男人。法律並沒有對他的行爲做了特別嚴厲的判決，他作了幾個月牢就出獄了。

出獄後，亞瑟離婚了，同時他離開歐洲故鄉到美國重新開始新生活。由於他經商有道，他與美國籍太太結婚了，生了3個可愛的孩子。多年後，亞瑟成了很成功企業家，對社會作出貢獻，贏得人們尊敬。**即使他現在事業成功，婚姻幸福美滿，他仍舊責備自己過去所做殺人之事，他老是有陰影纏繞**：覺得某方面是痛苦的。他向潛意識專家約瑟夫．墨菲請教，如何消除自己的痛苦

往事陰影。

約瑟夫・墨菲（Joseph Murphy）告訴他：

「**人的細胞每11個月就會汰舊換新，長出新的細胞**。你現在已經不同當年犯下殺人罪的那個人，你已經不是那個人很多年了。你透過你個人努力，在企業取得很大成就，在精神與心靈都已經轉化了，昇華了，你現在對人充滿愛心與善意；多年前那個你，早就在精神上與心靈死去了。**你這樣拒絕原諒自己，等於是在譴責一個無辜的人。**

生命一個原則爲你設立一個不見底的寬恕基金。生命是愛，會永遠原諒你。自我譴責就是地獄（束縛、限制）；寬恕自己就是天堂（和諧、平靜）。

亞瑟經我這一番解釋後，他說心頭就好像卸下一個大重擔一樣，他第一次體會：生命永遠會寬恕你，它永遠會原諒你。如聖經云：『耶和華說：你們來，我們彼此辯論；你們的罪雖像硃紅，必變成雪白。』」（以賽亞書1：18）

非常感謝約瑟夫・墨菲這段「生命永遠寬恕你」的敍述，我豁然開朗了。我已經不是當時那位悲觀鬱悶的女孩，我的生命不斷在往前，一直追求更好的生命而努力奮鬥；我日趨樂觀擁抱生活；擁抱世界。

當時自殺的男孩應要爲自己悲劇負責，不管是我拒絕他而自殺或其他理由自殺；自殺等於自我放棄，連重寫劇本機會都沒有。

我慢慢寬恕20歲的自己。對於時下青春年少徬徨敏感；有很深的同理心，因爲我回首過往，眞的走了很漫長的一條路；當我敞開心門，接觸教會後，研讀聖經；我更明白約瑟夫・墨菲

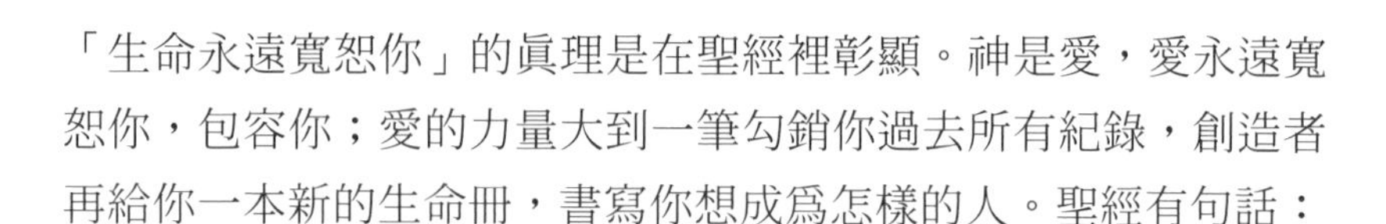

「生命永遠寬恕你」的眞理是在聖經裡彰顯。神是愛，愛永遠寬恕你，包容你；愛的力量大到一筆勾銷你過去所有紀錄，創造者再給你一本新的生命冊，書寫你想成爲怎樣的人。聖經有句話：

「若有人在基督裡，他就是新造的人。舊事已過，一切都變成新的了。」（歌林多後書5：17）

聖經大衛也有犯下滔天大罪：奪妻之罪且讓那位妻子的丈夫上戰場戰死。但在大衛悔改後，上帝依然愛他，幫助他度過很多難關，使大衛成了以色列很偉大的君王。

在台灣，曾經當過流氓被關進台東監獄的黃炯榕，經過悔改後成爲牧師，帶著一些傳道人到監獄傳講「生命永遠被寬恕」的眞理，希望那些犯罪的道上弟兄，再給自己重生的機會。他常笑著對人說，只要你的心願意，「強盜會變傳道」，生命重寫了。

「好好寬恕自己，重寫生命劇本」發生我的教會好姊妹身上。我認識她是在教會上「成長班課程」。她是一位很敬虔愛上帝的姊妹。因爲我們一起上教會的課程有半年，所以成爲好朋友。她一日分享她的過去：

「她遇人不淑。前夫將家中的錢財帶走，留給她的是一兒一女要扶養。在家中急需要錢時，她只好去做八大行業，來養活兒女與自己。

她的兒女都很懂事，沒有因媽媽從事八大行業看不起她。她的兒女一路努力求學，畢業後都有一份正當的工作。當女兒要結婚，信主的女兒要在教會辦婚禮，就把基督的信仰傳給媽媽。

媽媽心很軟，就聽進去女兒傳的福音，接受女兒的建議：去教會，沒想到這個簡單行動，成了她生命的聖潔轉捩點。這位做八大行業媽媽，在走進教會時，對於教會所唱的詩歌與教會呈現包容寬容的氛圍所感動。神是愛，愛是不計較你的八大行業的過去，愛是讓你重寫生命的劇本。這位媽媽對以前做過八大行業的羞恥感與罪惡感，就在神的愛如水，完全被洗淨了。

那位媽媽就是我。我感謝女兒把福音傳給我。我現在只有一件事，忘記八大行業的我，那不是我了，現在的我，只要教會有課程我盡量去上，我每天讀聖經，過一個完全不同過去的聖潔追求內在靈性成長的生活。好姊妹，我現在很愛我的神，很愛我自己，我是上帝尊貴女兒。」

當我聽完我眼前這位面帶光芒笑容的好姊妹故事，對於她願意眞誠分享自己那段身不由己，爲了家計做八大行業過去，還是敬佩。

如今她不但寬恕自己，在教會參與醫治服事，上門徒課程成績優異名列前茅，她愛周遭的每個人，常分享她所做的可口點心給跟她一起上課同學或認識朋友；且在教會裡常常看見她服務的身影。盡力傳講神的愛，別人有需要，她義不容辭盡力幫助他們；總是要發揮「神就是愛」的眞理。幾年後，她贏得好多姊妹發自內心尊敬與學習。至今我們還是好朋友，我喜歡她的坦誠與上進與愛人。

聖經有一個人物，名字叫羅得，他有一位妻子。他的妻子沒有聽從上帝吩咐：不要回頭看已被燃燒的所居住的所多瑪城市。當羅得妻子跟隨在丈夫羅得後面，她忍不住回頭看過往的城市，說得遲那時快，轉眼間，羅得妻子成了一根鹽柱，動彈不得，無法跟隨丈夫前進。羅得妻子無法忘記過去，以致她永遠喪失新天

地的生活，去扮演如世上鹽的有影響力的角色；她永遠只是當時空裡的一根鹽柱，她的生命在此就畫下結束點，沒有任何意義了。

滾滾長江東逝水，浪花淘盡多少悲傷罪過，青山依舊在，幾度夕陽紅。站在過去與現在交接之際，打開心靈之窗，請好好讚美自己：眞心寬恕自己過錯，你靜靜聽：在宇宙的星空下，黎明希望之聲正揚起歌唱。（2021/06/22）

Chapter 39
治癒自己，起來迎接美妙日子

每一天能為世界做一件微不足道的小事，就是我一天最美好的事情了。

——幾米，台灣繪本家

每個人心裡都有一個傷口，會隱隱作痛；每個人的回憶都有難抹滅鏡頭，讓自己不堪回首。爲什麼我會遇到這樣的人，爲什麼這樣事被我遇到，爲什麼我出身在這樣的家庭；爲什麼我要出生在台灣，連疫苗都供應不充足……，你不知道你爲什麼那麼多不幸，彷彿世界末日來了。

我曾經就是這樣的人，**戴著一副灰色的眼鏡來看世界，結果世界全部都是灰色；灰色世界讓我陰影重重**，久而久之心生病而不自知。當我以很優異成績從國中畢業考上師專，讓爸媽感到驕傲，終於農夫的女兒可以教書了。我卻不珍惜讀書5年不用學雜費，供吃供住，由國家提供的優渥條件培養教育下一代的小學老師。我人在福中不知福，沒有感恩的心，感謝國家、父母的栽培，我可以有5年在學校幸福的日子讀書，學習自己想要的技能。

那時滿腦子都被錯誤念頭充斥的我，戴著灰色眼鏡，埋怨我的父母爲什麼是農夫不夠富有，無法栽培我讀女中考大學；我埋怨學校太小如國小不像台大那樣恢弘杜鵑花開；學校人才不夠

多元出類拔萃（最好學生都會去讀高中、女中，準備考一流大學）；尤其在專科四年級知道昔日沒考上師專的國中同學，紛紛考上台大、師大與政大，我的埋怨與日俱深，心病更加嚴重，我沒有去祝福那些辛苦3年，終於考上好大學的國中同學；我只是如一個很年輕的怨女在清晨跑步，去發洩心中鬱悶。跑步完後，沒有任何想學習的強烈動機，反正一學期2次考試，應付一下就過關，日子過得發慌，沒有未來的憧憬。

北京作家趙星說：**「別讓你的青春浸泡在抱怨和傾訴中……，讓自己的眼睛也能閃著亮晶晶的光芒。」**我的青春5年（16歲—21歲）都是浸泡在很多埋怨病毒中，雖然我未曾在父母面前說，「都是您們要我讀師專的」或在同學面前說，「全世界最爛學校就是師專」；我什麼話都沒有說，心溢滿怨氣，頭低低走路，有些駝背；眼睛從未閃著金星的光芒。

充滿埋怨聲音久了，造成心病，這個心病讓我讀師專5年，混成績混日子，5年學會游泳，學會跑步，學會看雜書，除此之外，沒做啥大事；沒學任何技能。同學畢業時，聯合開鋼琴演奏會，我心虛虛地上台送鮮花；同學聯合開美展，我心沉沉地去欣賞傑作，然後心有些悵然走在校園裡。我在埋怨中過5年，進步很少，幾乎停留原步去看我的迷霧世界，珍貴的5年哪，卻因自己的心病，白白浪費掉。那天跑完步後，眞想時光倒流，「青春不開溜」，青春眼睛要閃耀星星月亮太陽的光芒啊。

那些不埋怨環境的師專同班同學，小嘉在國小教書幾年後到美國七年，拿到博士學位，在大學教書。小羊一邊教書一邊讀書，腳踏實地在理想與現實耕耘，一路走來拿到文學博士，後來到高中任教；同班同學每個人都至少去完成大學的學位，樂在教書，有一份安定收入，也成了對社會有貢獻的良師。雖然當時沒有去讀一女中，後來被讀台大師大政大同學短暫比下去，只要你不生埋怨的心，一心在務實與理想中扎根，你渴望的成功，一定會來到。

因此不埋怨自己現在所處的境況，問自己：我能在這個環境做怎樣努力，爲自己未來開一扇窗——正面思考就是良藥，這良藥可醫治你認爲灰濛濛的環境與世界。

詩人泰戈爾說：「**如果你因錯過太陽而流淚，你也將錯過與繁星的交會。**」從師專畢業後，我慢慢收拾閒散浪費時間的生活態度，我開始認眞讀書了。既然我不滿意只有師專學位，就去讀大學。當我這樣立下目標，眼睛就閃耀彩虹七色的光芒。我眞的坐在書桌面前研讀插班大學的書籍，很有條理很有耐性作筆記。後來如願去讀彰化師大；在30多歲拿到紐西蘭碩士學位。

對過去的荒唐歲月，不是在悔恨中過一輩子，而是痛定思痛，忘記過去，好好努力向前，一定會到達成功彼岸，雖然慢了5年或10年，都沒關係；結果是你成功了。因在上帝眼中，40歲就成功與80歲才成功，都是相同分量的；因爲「悔過」是上帝所看重的。

流氓教授林建隆老師，知道流氓歲月只有帶來沉淪再沉淪，他治癒自己的藥：服前進藥。他以讀書爲方舟前進，前進大學；前進美國，拿到博士學位，讓自己煥然一新，成爲父母的驕傲。聖經云：「耶和華啊，求你醫治我，我便痊癒；拯救我，我便得救，因你是我所讚美的。」（耶利米書17：14）

人不要認爲現在已經40多歲，50多歲，60多歲了就喪失前進的動力或以過去錯誤鞭打自己，活在過去裡，讓自己人生都在住在埋怨與後悔甕中，只要你願意給自己重新機會，宇宙間的神必會派貴人與天使在你前進道路，幫助你前進，這是我的經驗的

分享，日後在其他文章寫我被上帝派天使貴人相助的故事，只因我願意悔改，前進新的生活道路。

如果你後悔什麼，你做錯什麼，小時候的夢還沒實踐，你要記得一位智慧人的話：「人到老還有用。」**你現在要服的藥就是：「永遠來得及」。如皮爾博士書中敘述，一位90歲的老人還在計畫他美妙的未來**。如果你現在還沒90歲，你就要保持前進，以一顆學習新事物的心在世界編織美夢。你以永遠年輕，永遠來得及的生活態度，去迎接無限可能美好再美好的人生。

台灣現在處在新冠肺炎三級疫情，疫苗供應不足。有人說：「為什麼要生長在台灣，連打疫苗都不足？眞想住在美國。」有人說：「都是雙北市惹的禍，讓全民埋單。」有人說：「世界末日來到了，人可以活幾年都不知……」，新冠肺炎疫情使經濟活水頓成乾枯，讓大家活在擔憂害怕當中。

聖經云：「喜樂是良藥」。不管世界末日什麼時候來到，台灣疫苗什麼時候補齊；經濟活水什麼時候再興旺，我們先不埋怨所處環境，恨瘟疫癢癢的；先問自己：「我在現在在這樣的環境，要怎樣努力最好？**家人或國家因我的喜樂盼望態度而更好。**」如果你每天以喜樂為良藥，將提高免疫力，不但治癒自己愛批評容易悲觀的個性（以前的我），而且你的喜樂會感染周遭的人，甚至連花兒對你笑，瘟疫逃之夭夭。

治癒自己，起來迎接美妙日子。幾米繪本家說：「每一天能為世界做一件微不足道的小事，就是我一天最美好的事情了。」以此祝福你每天都是新的，起來迎接太陽月亮星星發光的日子。

Chapter 40

讚美自己：我是正能量的小太陽

很多人一生都在做帶給人希望的事，各行各業都有這樣的人間小太陽；好的父母，醫生、老師、作家與科學家、企業家與認眞生活的人群，都帶給人間溫暖光芒，驅趕寒冷的黑暗。

台灣文壇有個永遠的小太陽——林良，他一生都在讀書寫書，所寫的書都呈現生活的美好，讓人讀了會笑會唱會畫，好像小花飲甘露；小草隨風跳舞，洋溢著生活陽光溫度剛剛好。林良作家總書寫家裡的事，筆觸那麼暖和；在晚年還退而不休地書寫童詩，其童詩將人帶進如單純小孩心思，去擁抱熱愛這個世界。林良作家所寫書籍，對比現代報紙與網路上，呈現批評、一片撻伐、意外事件的灰黑的報導，在有限時間的運用下，我寧可選擇一本如小太陽作者林良所寫的書，靜靜在家裡角落安靜閱讀，享受那人性美好的氛圍。

現在的新冠肺炎的天災人禍，已搞得人心一片黑暗不安，怎麼不多給希望與光明的報導呢？

台灣有一位名人王建煊當過監察院院長，財政部長與立法委員，一向正直直言在政壇上，有小鋼炮之稱。在筆者看來王建煊是台灣的小太陽，總是將他智慧照耀台灣這塊土地上。王建煊一向提倡讀書救國。王建煊在他的專文中說：

「不讀書，你就輸。人民不讀書，國家沒希望。國人不讀

書，當然是國安的問題。以色列人之所以強大，因爲以色列人愛讀書。在2013年作家龍應台說：『平均每一位以色列人每年讀書64本，排名世界第一名；俄羅斯在軍事科技是世界大國，俄羅斯人每年每人讀55本。我們台灣人每人讀2本書。』希望國人背包裡多裝幾本書。」

「不讀書，你就輸。」這句話是忠言雖逆耳，然而台灣就是要有這樣智慧長者提出建言，讓人民可以安靜沉澱下來，多讀有益自己的好書。筆者曾經在工作遇到很大瓶頸，生命失去盼望時，就是到圖書館將館內心靈勵志書籍一一拜讀作筆記，才重拾自信與生命的藍圖。開卷有益確實是眞的。當一個國家人民愛讀書，出版事業必欣欣向榮，作家必然有好的收入，吸引更多優秀人才寫作與出版，對國家未來繁榮與進步扮演重要的推手；不致出版業一直想出版網紅/明星/有名企業家之類書籍，來鞏固自己生存之事，怕出版思想類文學類之書，賠大錢。但一個國家要有深度，要強盛繁茂，深植智慧思考文化事業上。

作家龍應台說：「**在2013年，台灣人平均每人讀2本書，遜於韓國10.8本；日本人每人8.4本。台灣百分之四十的人民沒有閱讀習慣。**」這雖是2013年的統計，但在8年後的2021年，台灣愛讀書習慣應該增加不多。不閱讀的人民，很容易被政論節目的言語與網路批評文章，牽著鼻子走，變得血氣方剛，失去理智言語常脫口而出；尤其在三級疫情上，一些損人損己行動怒氣產生，台灣人分藍綠，鮮明對立的立場正撕裂著寶島。日本記者石板名夫說：

「作爲住在台灣的外國媒體記者，我覺得見證了奇蹟。陳時中團隊比別的國家多守500天，也是個奇蹟。他通過2個努力，使確診人數700個降到30以下，這又是個奇蹟。但是同時我又見證，沒有像台灣這麼撕裂的社會，天天惡毒的語言，攻擊前線的指揮官。」

「沒有像台灣撕裂的社會」，是啊！觀察到位。台灣分本省人、外省人，客家人；政黨分藍、綠；每到選舉如仇人對立，家人爲了選票還會爭吵。現在台灣面臨新冠肺炎疫情，大家應該同心，不分東西南北與政黨，就是要團結眞心爲台灣祝福。不管哪個政黨當家，是自己死忠的政黨當家或自己不喜歡的政黨當家，只要你是執政者與團隊，我都深深爲他們禱告，希望台灣政通人和，國泰民安。在今年（2021）5月中旬台灣疫情爆發，進入三級嚴峻備戰狀態。教會與小組都發起爲台灣疫情禱告，並爲執政團隊有智慧聰明與好的體力，打一場抗疫得勝之仗禱告。我分享我貼在我家冰箱的簡單禱告文如下：

「求神保護陳時中部長、柯文哲市長、侯友宜市長，在疫情期間健康平安，安穩睡眠。神賜給他們有屬天的智慧與好的體力，因應各樣艱難的情況，帶領台灣，雙北市走過新冠危機，天佑台灣。謝謝主。」

這就是我爲新冠疫情三個重要人物禱告。台灣在三級疫情籠罩下，負能量已經夠沉重了，是要增加正能量與祝福，一起同心喊「加油」，鼓勵與祈禱永遠不嫌多，負面能量攻擊越少越好，這樣台灣才能從疫情的烏雲中見到健康陽光光芒。台灣人要看好台灣，台灣很多優點，很多住在國外的人都看好台灣，尤其台灣的全民健保與高水準醫護人員，台灣人享有亞洲人名列前茅的醫療水準，連美國人都望塵莫及。住在海外的錦珠姊今日傳給我的line的訊息：

「在歐盟海關新措施，義大利羅馬機場，全世界二百多個國家，只有八個國家：美國、加拿大、南韓、澳洲、日本、紐西蘭、以色列、台灣，可以走黑線與藍線的歐盟並行，3分鐘快速通過。台灣人要珍惜這快速3分鐘通過的福分。」

錦珠姊一向拒絕過多負面報導，雖人在海外，卻心繫台灣，關心台灣。想一想從去年新冠肺炎疫情爆發至今，也一年半載了。一向富強進步美國因新冠肺炎疫情死去的人高達60萬人，巴西53萬多人；印度40.6萬人；台灣嚴守疫情一年多來，在國際間，以台灣人口高密度與傳統市場的盛行，算很亮麗很亮麗的表現。台灣記者、參加政論節目的人與在網路發表評論的人啊，少惡毒言語；少撕裂社會的文章；**多報導王建煊要創辦「黃金讀書屋在寶島」與捐出自己退休俸將籌辦「無子女老人安養天年的住宅」之正面光明事**；各行各業都有如王建煊的小太陽，多多去訪問發掘這些好人好事加以報導；散播眞善美。不要一味追星，挖瘡疤，占星問卜。媒體人當個帶給台灣希望快樂的小太陽吧！讓台灣因你們的光芒言論與文筆更加閃耀無限美好。

聖經云：「主是世界的光。跟從我的，就不在黑暗裡走，必要得著生命的光。」（約翰福音8：12）我目前教會一位姊妹先生確診，活在靈裡昏暗害怕不安中。很愛主的領袖珮容常常打電話爲他先生禱告，其先生感動其熱心，漸漸瞥見生命那片光，後來願意受洗，得著生命之光。

教會姊妹會彼此代禱，關心其在這波疫情受到影響經濟狀況，彼此是對方小太陽。愛屋及烏，會爲他們的家人禱告，希望藉著這樣姊妹彼此關懷連結，散播希望與快樂，讓彼此眞心祈禱，告訴自己與對方：黑夜會過去，黎明已在雲端：痛苦會消失在光中。

藝人賈永婕在這波疫情是散播正能量的小太陽。在台灣爆發三級疫情時，她燃起正義熱血魂，號召她的神隊友一起出錢購買醫療的防護器材，其募款高達一億多元，將防護醫療器材送到醫院去，讓台灣醫護人員感受滿滿的關心與站在同一線抗疫，這些醫護防疫的器材是抗疫乾旱的及時甘霖，對澆滅疫情有溫潤的幫助。在疫情爆發後，賈永婕一天親送100份便當給醫護人員，讓站在第一線的醫護人員心有正能量照顧病人。賈永婕單純憑著愛台灣的熱心，點亮台灣人眼睛，有爲者亦若是。

台積電的半導體領先全球；全球都仰賴台積電半導體的供應；鴻海集團董事長郭台銘曾與前美國總統川普會面談投資美國；慈濟的善行遍及全世界，大家有目共睹；台灣衆教會發起爲台灣疫情禱告，關心弱勢團體。

每個時代都有黑影重重的時刻，每個國家都有其重要難關；很需要是一些英雄與快樂的人物來照亮眼前黑影與難關。讓我們都讚美自己：我是正能量小太陽，照亮家庭與社會。最後以泰戈爾詩人的詩爲彼此共勉：

「朋友，你偉大的心散發著朝陽的光芒，猶如黎明時分覆雪的孤山頂峰。」（2021/07/14）

Memo

你很棒，請讚美自己

Chapter 41

讚美自己：願意饒恕傷害你的人

最高貴的復仇方式是寬容。

——雨果，法國文學家

我們知道我們所愛的三毛作家，她有個令人流淚的成長故事。

在她讀初中時，一向數學不及格的她，聰明發現數學老師的小考的題目，是從每章節後面習題出來的，三毛希望改變自己在同學眼中數學很爛的評價。她熟背數學作業習題作法與答案，所以，三毛兩次數學小考都考滿分。初中的數學老師認為三毛小考數學高分是作弊來的，她重出一些題目給三毛做。當然那兩次數學小考滿分，是三毛硬背下來，換了題目，當然三毛做不出來呀！

三毛數學老師很嚴肅看待三毛這個反落差，「三毛確實作弊了」，數學老師大怒，要惡懲作弊的女學生。這位數學老師當全班同學面前，用墨汁畫三毛的兩個眼睛的眶眶，代表給三毛兩個黑眼眶的「零分」，鮮明告訴三毛：兩次小考就是零分。數學老師畫了2個墨汁的零分後，然後再叫三毛走操場兩圈反省。

三毛本身是個自尊心特強且敏感的人，老師的當眾羞辱，形成她上學的噩夢，從此三毛不上學了；當然對數學老師的當眾羞辱的鬱結，形成一輩子的隱痛，癒合難完全。

後來的後來，三毛告別獨自在家學習日子，出國去認識外面遼闊的世界。異國的大山大水，投影在三毛敏銳的心湖上；三毛拿出筆寫出一篇又一篇很獨樹一格的文章，她寫住過撒哈拉沙漠與她的愛人荷西故事，形成一股明顯撒哈拉沙漠之旋風，三毛成爲華人有影響力的作家。

不過，名滿華人各角落的三毛，在初中後的成長日子有自殺紀錄，在48歲那年，她採取自殺方式離開人間，是不是跟她初中被數學老師羞辱，傷口沒有治癒有關？

如果在你生命歷程從來沒有遇到打壓之事或惡語相向，讓你羞辱不已，那麼你就是幸運兒。幸運兒的席慕蓉作家，她跟三毛同年紀（1943年出生），數學相同爛，但她遇見的數學老師對她卻無限包容；後來席慕蓉是詩人，散文家，也是專業畫家。

一顆沒有受傷的靈魂，就是自由奔放，到如今七十多歲的她，活潑創意十足，台灣與蒙古兩邊跑，散播文藝在台灣與蒙古。只是不少人成長歲月偏偏就是遇到悲慘的事或羞辱的事，用一輩子在醫治內傷。

我們常聽老一輩子的媽媽，因爲昔日大家庭，都是不分家，一個屋簷下有在三、四十人，共同共活共同工作，大家長的處理不公或婆媳之間；妯娌之間都有恩恩怨怨相處的情結；即使後來分家，那受苦的情緒一直伴隨著。我的母親生前會告訴我她在大家庭的長久委屈，媽媽一直有頭痛現象，當時我聽了無法瞭解爲什麼媽媽頭痛無法根治。後來學心理學的我，猜測媽媽的頭痛應是過去心頭累積大家族恩怨所形成身心症。有時候想一想上一代眞的很辛苦，上有公公婆婆，平行有大伯小叔，妯娌；下有兒女與一群晚輩。大家庭人多嘴雜，多麼容易擦槍走火，吵架甚至打架都有。每個人的生存與寬容顯然是當時大家庭最不容易學習的

課題。寫到這裡，對上一代人有無限尊敬與學習。

恨是會傳遞錯誤訊息。恨人可恨一輩子，這負能量都影響跟他們親近的人。丈夫的親戚會訴說她的婆婆如何惡待她，即使她七十歲了，她仍歷歷如繪訴說。當然我聽到了，我知道「要寬恕欺負你的人」是不容易，因爲那是一個別人看不見傷口，總是讓你鬱悶讓你痛。但親戚訴說無法寬恕婆婆，她的高學歷女兒，40多歲未結婚，是不是怕遇到惡婆婆有關，我沒有去問她，不過恨的情緒會傳染，也許她的媽媽不斷回憶被虐待的言語，早埋下她懼怕婚姻的種子。

記得三十多年前，我單身在國小教書，那時我與同是小學教師同事租屋。我們的房東是位離婚的男人，自己帶著8歲的兒子。他會在兒子面前數落前妻的不是，心裡對前妻的恨都在他的言語中顯露出來。房東八歲兒子會很純眞告訴我們，他有個壞媽媽，不要他了。當時20多歲的我，告訴我的同事，我們日後結婚一定要幸福，千萬不要離婚，離婚的另一方是在恨中過生活，還會連累下一代。

雨果說：**「最高貴的復仇方式是寬容。」**這位19世紀法國作家，是有名人道作家，他主張以寬容代替復仇。恨是一把無形的刀，被人羞辱；遭人背叛，這樣恨意溢滿心中，年年刻劃內心，早就千瘡百孔了，區區肉身如何承受？所以雨果才如此說「寬容」對方，唯有寬容帶來自己的救贖。

一直想寫「原諒傷害你的人」這個主題，因爲要原諒別人是不容易的，忍辱的「忍」就是心上一把刀，劃下一道傷，你不是當事人，不知道有多痛。**但不寬恕別人卻帶來心頭上的恨，經年累月下來，不是自殘就報復，兩敗俱傷，**結局都讓人心碎悲苦。「人有悲歡離合，月有陰晴圓缺，此事古難全。但願人長久，千里共嬋娟」人生就是難圓滿，不應有恨，好好珍惜眼前明月時刻，這是一位屢遭政敵陷害蘇東坡的豁達灑脫人生觀。就像美國心靈學家佛羅倫絲．辛（Florance Shinn）說：

「人只會收到自己給出去的。人生的遊戲是一場有如迴力鏢般自作自受的遊戲，人的思想、言語和行爲，早晚會回到自己的身上，精準得令人咋舌。」

佛羅倫絲．辛的意思，你給出去的是恨，早晚回到自己身上也是恨；你給出去的是寬容，回到你身上就是寬容，這樣精準是很多故事所歸納而來。不知道那位哲人說：「生命是一面鏡子。」當你怒向對方，你生命鏡子所呈現就是猙獰自己。所以佛羅倫絲．辛的生命哲學：爲你的敵人做祝福禱告，等於傳送善意給他，你將會爲自己創造一個和平世界。現在我們來看幾個寬恕別人，創寫生命劇本的故事。

聖經最有名的寬恕別人故事是約瑟。約瑟是他父親老來得子，很受寵。他的受寵會引來同父異母的哥哥嫉妒，17歲的約瑟渾然不知。有一天約瑟做了夢，夢見他的同父異母的哥哥都對他朝拜。他興高采烈將他的異夢告訴哥哥們，沒想到引起哥哥的殺機。本來他的11個哥哥要殺他，後來有一個哥哥提議，不要殺約瑟，將約瑟賣給正前往埃及去做生意的商人爲奴。

賣到埃及爲奴的約瑟仍然非常愛神，心中充滿仁愛，沒有將他的11個哥哥「出賣他爲奴」放在心上。他的身分雖是奴隸，仍盡力把他事情做好。後來他到埃及一位大官員的家做管家，結果大官妻子引誘他，他潔身自愛拒絕大官妻子，結果大官妻子誣陷約瑟，約瑟就被判刑坐牢。坐牢的約瑟與裡面被關的埃及官員

當好朋友。後來就藉著被釋放的官員向埃及法老推薦，約瑟會解夢。由於約瑟成功為法老解夢，深獲法老的看重，法老就提拔約瑟為埃及的宰相。

後來，約瑟父親與哥哥住的地方大饑荒，他們聽說埃及有糧食，只好千里迢迢到埃及接受救濟。接受救濟哥哥後來知道埃及當今宰相，就是當初17歲被他們出賣為奴的約瑟。哥哥非常羞愧，怕約瑟報復。被賣為奴13年後，現在30歲的約瑟微笑說：

「從前你們的意思是要害我，但神的意思是好的。」（創世紀50：20）

約瑟不但沒有報復他的哥哥們，同時將他們安頓在埃及新天地，過豐衣足食的日子。這就是約瑟寬容陷害他受苦為奴的哥哥，創寫他的生命劇本，成為埃及的宰相。

美國有一位瑪麗．詹森的婦女，悲痛不已夜夜難入眠，因為她痛失唯一的兒子。一位名奧實．伊薩瑞16歲與瑪麗20歲兒子發生很嚴重的口角，結果奧實．伊薩瑞親手射殺瑪麗獨生子。瑪莉兒子死了，不能原諒那位兇手的恨就像癌症侵蝕瑪麗的內心。要她饒恕那個殺害獨子的16歲兇手是不可能做到。但瑪麗只能求天父的愛來幫助她來饒恕那位不可饒恕的罪人，因為內心怨恨力量太大了，讓她無法入眠，她無法再相信任何良善之事，所有幸福快樂都是假的。

她恨兇手長達10年，同時她活在地獄也長達10年。當瑪麗讀到聖經的主禱文：「請寬恕我們的罪，如同我們寬恕別人一樣。」我們是罪人，天父能夠寬恕我們的錯，為什麼我做不到寬恕呢？

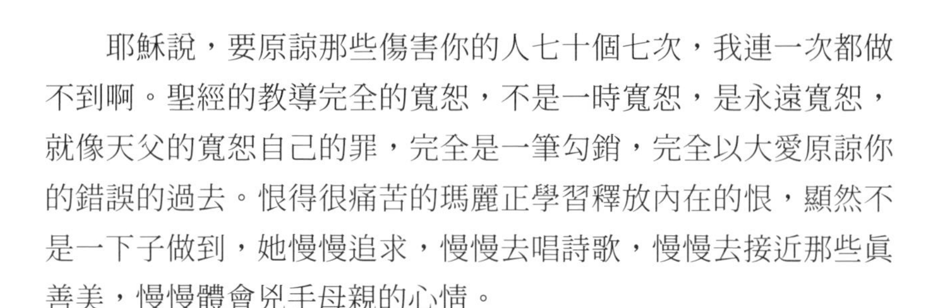

耶穌說，要原諒那些傷害你的人七十個七次，我連一次都做不到啊。聖經的教導完全的寬恕，不是一時寬恕，是永遠寬恕，就像天父的寬恕自己的罪，完全是一筆勾銷，完全以大愛原諒你的錯誤的過去。恨得很痛苦的瑪麗正學習釋放內在的恨，顯然不是一下子做到，她慢慢追求，慢慢去唱詩歌，慢慢去接近那些眞善美，慢慢體會兇手母親的心情。

天父的愛慢慢流進瑪麗受傷的心，那是一個學習饒恕的旅程，慢慢內心的風暴止息了，她聽見了愛的清泉聲音，天父的愛正擁抱她。她決定不活在恨中，要活在愛裡。瑪麗說：「饒恕是一個旅程，不是目的。」在殺害兒子事件的12年後，她終於做一件常人做不到的事：去獄中探訪那位殺害他兒子的兇手奧實．伊薩瑞，當面表達寬恕之意。殺人的奧實．伊薩瑞被關17年後，接受瑪麗的邀請，住在同樓層，當互相探望來往的好鄰居。

一位連殺害自己獨生子的母親能夠寬恕殺害兒子的兇手，這是眞實故事，那麼受到不公平對待的你，至少不再活在恨中，重拾生命熱情，在國內或出國努力自救，過一個完全不同過去的新天地生活。

如果你是父母，遇到學校不公平的裁決，倒是可以學習愛迪生的母親。愛迪生是世界有名的發明家，這是大家所熟知的人物。但大家對愛迪生母親倒是不熟。愛迪生七歲讀小學，天生好奇，事事都要追問爲什麼。愛迪生7歲小腦袋瓜裝滿至少100個問題，問到老師煩不勝煩，覺得這個小孩子實在太笨了，笨到連2加2等於4，都要問爲什麼。「孺子不可教耶」，級任老師就將愛迪生的愚笨告狀於學校校長，學校當局就做一個決定寫一封信，讓已經讀3個月的愛迪生帶回家給媽媽。

愛迪生媽媽從放學回家愛迪生手中拿到學校當局寫給她信，

她拆開一看：

「你的兒子頭腦壞了，我們決定不再讓他來學校上課。」

愛迪生母親閱讀後，心中無比震撼且憤怒，但高E.Q.母親瞬間在腦海中有個智慧的轉念。愛迪生母親以無比愛的眼光看著七歲兒子愛迪生，她朗誦著自己編寫內容給7歲兒子聽：

「你的兒子是天才，學校對你兒子太小了，我們沒有優秀的天才老師來勝任他的教育重任，希望你能以母親的身分教育他。」

七歲愛迪生聽了很高興，對自己的天才大有信心，這天才信心維持一輩子。愛迪生充滿無比信心，發明至少一千項的專利。

我會舉愛迪生母親的故事，是她寬容學校當局無情決定，愛迪生的母親沒有到處向學校陳情，哭訴不公；同樣她寬容自己有一位需要自己親身教育的兒子，自己要付出比別的母親加倍時間來教育兒子；這就是一位無比寬容心中有愛的母親，創寫自己兒子的生命劇本故事。

如果你的上司無緣無故將你炒魷魚fire掉，那麼你就想賈伯斯的故事。賈伯斯是他老闆創業的大功臣，應該可以高薪做到退休。沒想到做的卓越有成的賈伯斯被老闆兒子fire掉。一般人大概想辦法報復，做些傷害前老闆的報復行動，以表達內心強烈抗議與遭遇不公平。

賈伯斯報復事情什麼都沒做，他所做的是去接觸新的東西，如中國的書法；去開發不可能開發東西；因被fire後有時間，去

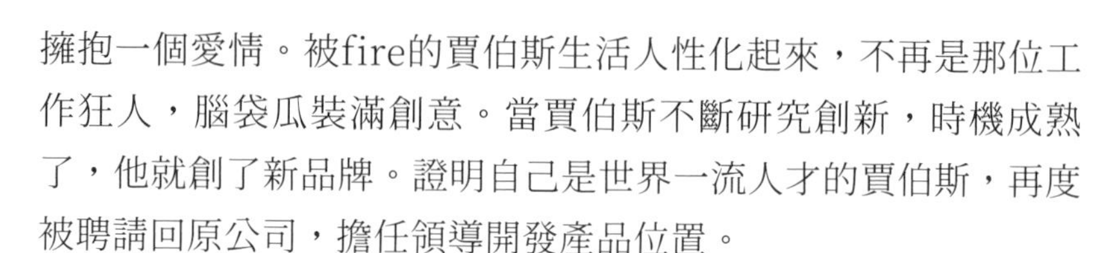

擁抱一個愛情。被fire的賈伯斯生活人性化起來，不再是那位工作狂人，腦袋瓜裝滿創意。當賈伯斯不斷研究創新，時機成熟了，他就創了新品牌。證明自己是世界一流人才的賈伯斯，再度被聘請回原公司，擔任領導開發產品位置。

所以如果你被陷害或被嫉妒離開你的工作，你失業了，就告訴自己：我要像賈伯斯一樣開創新的事業，讓那些fire你的人另眼看待，悔不當初。筆者也有這樣不堪回首經歷，但現在的我裝滿信心，朝著自己新夢想前進，視野更是擁抱世界，且比從前更認眞更勤奮，早就超越恨與埋怨他們了。

如果你曾被老師、同學嘲笑你的弱勢，就像三毛作家被老師與同學嘲笑很爛的數學，你要告訴自己：你是某領域天才，前途璀璨發光；千萬不要看輕自己啊！有一位激勵人心作家與演講家約翰．迪馬提尼主張人要以正面事件來代替負面事件。生命發生負面事件就做了很多正面事件來自我超越。

徐志摩是著名作家，由於崇尚自由戀愛，就與髮妻張幼儀離婚。張幼儀來自有錢的大家族，且跟隨徐志摩到國外留學幾年，算是有讀過書喝過洋墨水的優質女性。**沒有犯錯的張幼儀就被「離婚」；被「丈夫離婚」在當時民風純樸的中國是一件很恥辱的事**，張幼儀沒有公開寫信或發表任何仇恨徐志摩的字眼以表達心中不滿、心碎與失眠；**她以愛代替恨**，栽培她與徐志摩唯一兒子；在徐志摩飛機失事後，她花時間花錢去出版徐志摩的創作稿，讓更多人閱讀前夫的文章。

張幼儀的愛情表現就是一種眞正大家閨秀的氣度，那雍容高貴的女德在歲月鏡子前是那麼優雅那麼芬芳，後代人都看見了，讚賞著。

如果你的生命劇本，因別人的背叛，羞辱與暴行或霸凌等等

痛苦事件，讓你淚痕斑斑，甚至不堪閱讀，沒關係，就把這樣難堪劇本丟到時間大海裡，讓一切心痛，一切的淚水還給天，還給地，千江有水千江月，讓天上月娘親吻你的傷痕，你的傷痕已成爲美麗的鮮花綻放在宇宙某個花園上。

那個要讓你永不超生的事件，哈哈！上帝早就審判了，你也不須審判他們；你慶賀你已經超越當時的凌辱，到如今還健康活著。現在你體內千千萬萬細胞完完全全是嶄新的，沒有被瞧不起；沒有被抹黑；沒有被辱罵，新鮮如白紙，獨特如天才，珍貴如寶貝；你現在任務就是率領你體內千萬個細胞大軍，創寫你的生命劇本，不只給那些瞧不起你的人閱讀，還要去安慰與你有相同或類似經驗的人或啟迪人心閱讀。在你新的劇本，你書寫：以愛代替恨，寬容別人就是最佳的自我救贖。

讚美自己：願意饒恕傷害你的人。**饒恕那些傷害你的人，因爲他們不知道當時他們在做什麼**。你的愛能量大到包容他們的恨能量，愛無敵，在愛中祝福敵人，讓敵人也有機會成爲善人。讓饒恕的正能量去醫治內在創傷，你以豐沛饒恕的淚水擁抱世界，就像雨水滋潤著大地，是萬人讚賞的生命花朵；正如泰戈爾的詩句：

「正是大地自己的淚，讓她常保笑靨如花。」

Chapter 42

讚美
翻滾三部曲的英雄

「我未完成大夢，可以由下一代來完成。成就下一代夢想等於成就我的夢想。」有一天，林育信如此深刻思考自己生涯規劃。

你是否找到了自己的路，願意爲你的生命的大夢吃盡各種苦，流了千萬滴失敗的淚水，然後繼續堅持下去。20年無怨無悔爲心中的大夢堅持，不算短日子，一般人早就放棄，留下來只是少數中少數；誰不放棄，誰堅持到底，誰就贏。

李智凱在東京奧運摘銀，這是台灣體操隊在國際比賽，有史以來最好的成績。李智凱成就兒時到奧運比賽大夢想，同時彌補教練林育信年輕時代未拿奧運獎牌的遺憾；給予導演林育賢拍〈翻滾三部曲〉有完美的榮耀一幕。

人因夢想而成功偉大。林育信，這位出生宜蘭，從小熱愛體操，因體操比賽拿金牌，保送大學，成爲鄉下第一位大學生。讀大學的林育信的大夢就是揚威奧運拿獎牌；只可惜當年國家體操隊有「張峰治跳機事件」，以致國家體操隊被禁賽，林育信就失去參加奧運比賽機會。由於林育信沒有比賽機會，就接到當兵通知，等當兵回來，年齡已經太大，無法出國比賽；從此未完成體操大夢就成了林育信心中很深的空洞憾事。

「我未完成大夢，可以由下一代來完成。成就下一代夢想等於成就我的夢想。」有一天，林育信如此深刻思考自己生涯規劃。

林育信當初因母親反對，離開體操隊，失去心中最熱愛的事物，反而誤入歧途；後來接受體操教練好言相勸再度回到體操隊，我才能保送讀大學。「體操救了我，我現在要回饋體操。」林育信因體操改變誤入歧途的命運，他可以指導孩子體操，參加國際比賽，讓孩子在體操世界翻滾出光明亮麗的未來；這樣信念，一日復一日地，推動他需要做職業生涯的轉換。

31歲林育信心中有了決定，決定辭去高薪工作，飲水思源，回到當初訓練他拿體操金牌的宜蘭公正國小當老師，目的是要挑有潛力的幼童來訓練，未來當國家的體操選手。很有獨到眼光的林育信很快就找到7位小朋友，李智凱是其中一位。每天這7位小朋友都在放學後，因材施教下，接受國家級的體操嚴格訓練。

林育信由於是亞運金牌得主，對於體操各樣動作純熟且專精；他會把動作分解成很多細節，一個一個練習，最後再組合。他訓練國手有三個大原則：精確的練習，嚴格的紀律與適度給予物質獎賞；這樣才能為小體操選手奠定精確扎實的底子，且有適度物質獎賞鼓勵，心因被獎賞滿足快樂，會維繫練習體操的動力。

林育信的大夢就是將來這些小朋友，十多年後能到奧運拿金牌。既要拿奧運金牌，就要預測十多年世界體操發展方向。一顆研究的心，他眼睛高深看見十多年後奧運體操裁判的評分項目與重點。要讓自己栽培的國手在奧運大放光彩拿金牌，一定要有高超獨門絕活，不被扣分，完美的展現。林育信透過自己精心縝密研究與融合，結合過往選手與自己的專精，發展一套「湯瑪士迴旋」，讓有機會出國比賽的選手練習。**轉一圈要練一年**，要練好「湯瑪士迴旋」可是要下吃苦耐勞的恆毅力，才能獨當一面精彩的演出。

「我會爲孩子描繪前景，讓孩子相信，只要努力，好學校，好工作，與奧運金牌都有可能。」林育信教練說。

因爲練習體操，每天要至少5-6小時訓練，很艱難很辛苦，學生常常練得眼淚與汗水同時並存，若沒有「美好前景支撐」，一定早早就放棄了。林育信要讓國手知道今日「受苦於你有益」，因爲你是爲改變自己的命運而吃苦努力。

與其鼓勵學生，也鼓勵當教練自己完成大夢：我的學生，有人會到奧運拿金牌。春夏秋冬林育信都陪伴小孩子練習體操與他們打成一片的生活，自己與學生相處時間都要比自己與家人多。但爲彌補心中大夢的缺憾，適度犧牲與奉獻也是必要的。

「嚴師出高徒」，林育信是有名的嚴格教練，不容許小小選手一些小動作疏忽與模糊，精確的要求，嚴格注意動作的展現，要的是百分之百完美，無懈可擊；因爲體操國手將來面對是殘酷的比賽，唯嚴格方能專注專精，克服自己弱點與個性上軟弱，方能在比賽脫穎而出。

林育信一個人要許台灣體操隊拿奧運金牌的未來，「**看似很遙遠大夢，要得著獎牌，就要眞實落在每天指導練習上**。」從6歲的李智凱訓練到2021年26歲李智凱在奧運拿銀牌，已經過20個春秋了，多麼長長的日子呀，看似容易過，其實都是天天辛苦訓練過。昔日6歲上幼稚園的掉眼淚李智凱到26歲李智凱在奧運完美流暢展現，20年了，一位體操教練付出他最好的年代，只為圓下一代與自己的大夢，多麼少數中少數，國家級偉大的教練啊！

一位令人鼓掌，掌聲響起的阿信，擦亮台灣與東京奧運，多麼令人感動！令人掉淚的付出，帶給台灣體操隊一片源源活水未來。「**謝謝阿信教練老師，沒有你，就沒有奧運銀牌**」，相信李智凱會如此說，很多台灣人也會如此說。

林育信弟弟是林育賢，心中大夢：拍叫好叫座的電影。沒想到台灣電影不景氣多年，他等於失去夢想的市場。他看見自己的哥哥為心中未完成大夢繼續在下一代努力；他因哥哥心中的大夢感染動力。「那麼我就拿攝影機記錄這些小孩練習體操的過程，為哥哥與小朋友留下寶貴鏡頭，記錄片完成發表；哥哥訓練體操的資源缺乏，會受到重視。幫著哥哥，等於幫助我繼續的導演夢。」這個想法成為行動時，林育賢導演一做就至少15年拍攝，多麼有行動力呀！

林育賢導演所拍「翻滾三部曲」當第一部曲：「翻滾吧！男孩」的紀錄片獲了金馬獎肯定，林育信訓練國手的過程與活潑天眞小朋友互動被大家看見，得到廣大迴響。影片力量眞大，在這部紀錄片播出後，果然讓哥哥林育信得到體操資源，有了較好的訓練地。

「翻滾吧！阿信」這部影片是拍哥哥林育信成長血淚故事，由彭于晏當男主角演出，這部電影推出，叫好又叫座，在台灣成一股體操阿信的旋風。彭于晏為演這部電影苦練體操，將林育信的那種好強不服輸的堅毅個性，演得逼眞自然動人，所以受到影壇的導演欣賞，從此星運大發，十多年過了，彭于晏仍在演藝圈炙手可熱，奠定一哥地位。

「翻滾吧！男人」這是翻滾系列第三部曲，主角是由長大李智凱與體操同伴黃克強練習體操且相互較勁情節。其實從小練習體操隊友7位，15年過了，只剩下李智凱與黃克強2位。體操在家長眼中是不能當飯吃，就像體操教練阿信母親，要阿信不要再練體操，跟她到市場賣菜，還比練體操有前（錢）途。所以李智凱與黃克強不畏世俗的評價，願意承受練習過程的辛勞與挫折，甚至要接受嚴格教練的責備與修正動作錯誤，更多時候不少孤獨感湧上心頭。

李智凱與黃克強一而再練習，同儕在玩樂，在夜遊，過多采多姿的青春生活，兩個長大男人就要春夏秋冬忍受單調，同樣嚴格；同樣日子；同樣器材；重覆單一動作至少千遍萬遍；若沒有堅忍個性早就放棄了，不練了，兒時心中的大夢——到奧運拿金牌也飛了。幸好黃克強與李智凱挺住這樣嚴酷訓練的國手生活。

「不如眞的好好專注找出一條屬於自己的一條路，這樣我就跟別人不一樣。」李智凱如此說。

李智凱在2016年里約奧運比賽，犯了很嚴重的失誤，比賽成績慘不忍睹；讓教練阿信與自己都陷入絕望崩潰當中。「爲什麼我在台灣比賽是一條龍，出國比賽就是一條蟲」，我要克服是自己怯場的心理障礙。從前跟同伴黃克強總是較勁，看誰比較厲害；一起練習的同學黃克強因病無法參加國際比賽，昔日同伴一一不在場上了，現在只有剩下自己一個人，我必須把自己做得最最好，才能在國際比賽贏得獎牌。

「好好專注繼續練下去，我放棄體操，等於放棄一切，什麼

都沒有。我不可能在讀書上贏人家；唯有體操是我擅長項目，可以出人頭地的地方。忘記里約奧運的大失敗，再重新出發，用盡一切心力練習，若我能拿到奧運金牌，教練，我的家人，當然還有我自己，都有不同榮耀人生了。」

這樣美好願景描繪就是教練從小給我們打氣描繪的，那麼我自己也要每天爲這樣清晰目標堅持下去，直到得勝時刻來臨。當李智凱練習時，就不斷爲自己打氣，克服萬難挑戰，只有自己啊，他的努力與堅持專注，連教練阿信可以感受出來。

李智凱慢慢甩掉里約比賽失敗陰影，阿信教練也放手讓已經長大李智凱更有自己想法，加強自己想要加強的動作與安排自己每天的訓練項目，阿信教練要讓自己學生從幼鷹，到羽毛已豐實長大老鷹，放他單獨飛翔在體操天空，知道如何迎接世界的風雨挑戰。

聖經云：「在信的人，凡事都可能。」（馬可福音9：23）。菜市場凱，深信自己堅持不懈，克服怯場障礙，參加比賽，還是有贏的可能。菜市場凱在面臨因練習受傷腿斷了，還是在腿傷復原後，咬著牙根，忍著自己剛復原身體不適大無畏去接受賽的挑戰，吃苦堅強精神表露無疑。李智凱的「勤勉努力，永不放棄」的比賽的態度，終於讓菜市場凱在2017年世運拿下體操金牌，在2021年8月東奧體操鞍馬項目拿到銀牌。**李智凱出身菜市場，卻因得世運金牌與東奧銀牌，一躍爲體操英雄，改變自己與家人命運。**

石油大王洛克菲勒說：「**人沒有什麼了不起，但沒有什麼比人更了不起的了，這要看你爲同胞和國家做了什麼。**」體操教練林育信爲台灣體操帶來春天希望，種植國家體操隊奪金的新苗；林育賢導演爲台灣體操保留體操隊訓練歷程的聲影，喚起國人對

體操重視與勵志精神闡揚；李智凱爲自己與台灣樹立一個堅持不懈20年大夢精神，終得無比榮耀的結果。三個身分不同，唯有相同是他們用盡全部心力，去追求自己心中大夢，且回饋自己下一代與國家，這樣感動力量出自平凡人，來自民間，我想世世代代都會記得他們三個人名字；感動人心力量原來是無比浩大；同時觸動我心腸書寫本文。

英雄往往出自民間。讚美三部曲的英雄，這些民間英雄，平凡出身，卻是有世界格局的英雄的堅忍不拔與追求世界的金牌的大夢，終於20多年過了，終於讓世人在世界舞台上，看見他們英雄的風采，掌聲響起。

向三部曲英雄致敬，學習他們生命英雄的精神。不管你幾歲，有夢就去追。忘記過去所有混亂、陰影與失敗，遺憾的事因爲你的努力得以彌補：你所從事行業不景氣，你還是可以找出一片天成爲勵志片；**即使比賽輸得很狼狽很難看，再度奮起而戰，還是會拿到閃亮的獎牌。**

生命只有一回，今天就告訴自己：這一生要做一件感動自己與感動別人的事，渺小自己就從平凡事出發，努力不懈至少20年。「在信的人，凡事都會偉大成就」，以此祝福你。

Chapter 43

讚美自己：拒當情緒怨恨受害者

這個世界沒有受害者存在，只有愛的學習者。

——約翰・迪馬提尼（John Dimartini），美國心靈作家

朋友會找我聊心事。最近聽到她告訴我，19歲時，有高官兒子曾經向她求婚；由於她還想重考讀大學，沒答應；就這樣錯過當官少奶奶良機。

在準備重考時候，她在明星咖啡店半工半讀。當時明星咖啡店來來往往都是文藝界有名人士，由於長相清秀白淨，曾有大學教授向她表示好感，但她覺得自己年輕，要讀大學呀，就婉約拒絕。

由於喜歡幼稚園小朋友，就去當幼稚園老師。時間過得眞快，她已經三十拉警報了，所以在朋友介紹下，就嫁一個國小老師。沒想到這場婚姻讓她身心靈備受折磨，遍體鱗傷。

婚後，孝順的老公提議要跟公婆住，自己想想爲人媳，孝順公婆應是天經地義的事、順服答應了。但這一答應同住，讓自己成了苦命的媳婦。除了料理三餐與繁重的家務外；每天都活在公公大男人主義的言語暴力裡；丈夫沒站在自己這邊，冷言冷語；讓自己悲憤的情緒壓抑著。很吵鬧很不快樂很低迷氛圍令自己生活如墜在十里迷霧裡，這世界灰色陰暗淸冷。大家庭一起在同屋簷下生活，二十多個春秋；沒有自我沒有靈魂；喝的苦水如江河

一樣多。

婆婆公公高壽去世後，本想擔子輕省了。接著就是丈夫腦瘤住院。丈夫被醫生宣判活不超過半年，結果在自己耐心細心照顧陪伴下，多活十年。丈夫去世了。現在，我跟女兒住。但想到過去在婚姻常受到公公言語暴力，甚至出手打人；丈夫冷角色不體貼不說好話安慰；在這場婚姻裡，自己徹底是輸家，不斷付出，最好青春歲月是百般忍耐折磨度過，午夜夢迴，想起過去爲什麼自己笨笨的拒絕當官夫人的好機會；爲什麼要傻傻拒絕大學教授的愛；如果沒有拒絕，是不是自己命運就大不同……。

想起過去點點滴滴，就是睡不著；白天女兒去上班，一人在家在想起來公公、丈夫的不是，忍不住會咒罵公公，丈夫，心裡充滿怨恨，自己徹徹底底是受害者。聽朋友故事，我同理她過去長期在婚姻遭到不公平的對待，同是女人心。我知道這世界上還有很多像朋友這樣的不公平對待的遭遇，人來到世上，眞的是來學習功課的，每個人的功課不同。

在午後聽完朋友故事後，提出我的建議：拒當情緒怨恨受害者。我分享美國作家約翰．迪馬提尼（John Dimartini）的看法：

「這個世界沒有受害者存在，只有愛的學習者。不要埋怨命運不公，相反的，要懂得問自己：『這些經歷如何讓我成長？我的恐懼、貧困、困惑……被虐待等等，如何爲我帶來正面意義。』

我從來沒有見過咒罵別人提升自己的能量；也沒有見過一個人因爲自怨自艾而得到解脫。請放下憤怒，不然憤怒將糟蹋你的人生。『謝謝你讓我有這個經歷』照顧好自己，從中成長。寬

恕是人生必經里程碑，寬容穿越它，繼續往前。」約翰．迪馬提尼勉勵過去受到各樣傷害的人，拒當情緒怨恨的受害者；不要讓怨恨憤怒吞噬往後的人生。約翰．迪馬提尼在自己的《正負的法則》書中舉例一位遭強暴女生，後來發憤圖強成爲婦產科醫師。

當她走出被強暴陰影後，成了知名婦產科女醫師去幫助跟她一樣有這樣經歷的人；同時選擇寬恕強暴她的那位男士。當那位男士被原諒寬恕後，他走出自己罪惡，迎接新的自己。

現在說說我的親戚的故事。她個性很好能力很好，可惜嫁給一位充滿負面思考的丈夫。這位負面思考的丈夫把家裡搞得天翻地覆，雞犬不寧。他的言語都溢滿埋怨苦毒與恨意。後來丈夫眼睛不好，無法上班工作。生活重擔都落在我這位親戚身上。我這位親戚拒當情緒怨恨的受害者，她將婚姻不幸福昇華在自己好好栽培獨生子、教書與藝術創作上。

三十年過了，她的優秀兒子讀到碩士，娶妻，有了2個女兒；她獲頒師鐸獎，又從事藝術創作，成爲有名藝術家；目前從老師崗位退休，每天忙得不亦樂乎。如果她一直以受害者自居，埋怨命運不公，這樣怨恨能量如何讓她成爲好老師，好藝術家？

約翰．迪馬提尼提出：正負的法則。生命有悲慘遭遇，你就用正面事情去平衡它。我自己很認同這樣的看法。正如聖經云：「祂使人夜間歌唱。」上帝容許我們有這樣不公平悲哀的遭遇，是讓我們夜間歌唱，得著智慧與亮光。被關的鳥兒一直拍翅膀；被困的獅子一直猛撞，於事無補，到頭來，都是傷了自己。靜下尋找出路。正面的事就是情緒的出口。

演藝界白冰冰，小時候不受母親的喜愛百遭冷眼對待，她甚至懷疑自己不是媽媽的親生女兒；長大結婚，遇人不淑，生下美麗獨生女兒。很不幸，命運眞的對她不公且殘酷，她唯一獨生女

遭綁架受害，她是夠有資格去哭訴自己爲何有「如此非人痛徹心扉，無法睡覺的失去女兒的母親遭遇。」

幾年後白冰冰醫治自己的傷口，拒當情緒怨恨受害者；她收拾受害悲苦母親情緒，再度投入她喜愛的演藝事業，目前她笑容滿面活躍在演藝界。

「找一件非常正面的事忙碌吧。」我告訴我的朋友。

珍惜現在所擁有，讚美你有一位優秀女兒；讚美你有好的健康與充滿年輕的朝氣；至於陳年往事，如昨夜星辰，昨夜風，完全過去式。活在當下；活在希望裡。現在就是你的歌唱的時候。歌唱你的新的生活；歌唱你新的興趣，從今天開始拒當情緒怨恨受害者，當情緒感恩快樂者，起來歌唱新故事。

我朋友說，她願意試試看，已好久好久未在生活歌唱，好好看花，看雲。打開窗，窗外有藍天，一群鳥兒飛過。（2021/09/01）

Chapter 44

請多活一天讚美

當你絕望時，感到世界末日要來臨了，請你多活一天讚美。

當你走進大自然，你看見大地紅花盛開，綠草如茵，鳥兒飛翔，風吹牛羊，一片欣欣向榮；沒多久，可能烏雲密布，下大雨，吹狂風；但鳥兒，牛羊，都忍耐一時風雨交加，不會選擇投湖自殺。

看哪，鳥兒會在暴風雨後出現彎彎微笑的彩虹下飛翔，牛羊在彩虹奇麗照耀下，光輝走著，迎接明天更好。這是萬物在大自然的生存方式，幾千年來，鳥兒，牛羊堅強迎接大自然的風雨考驗，然後在這美麗星球生生不息，這是生命的態度。

人是萬物之靈，在萬物之上；當苦難來了，有些人陷入絕望深淵，忘記了這苦難終將會過去，完全自暴自棄，甚至輕生，忘記走進大自然，學習生存之道。

人終究是情感動物，有時候在苦難來臨時，抱怨與苦毒如排山倒海淹沒自己。當你很絕望時，是不是覺得出生多餘，爲什麼要來到這個世界受苦受難？倒不如死了算了，一了百了。你想了很多自殺方式，哪一種自殺最不痛苦？如果你已經走到無路，認爲你自己是最不幸的人，那麼我想對你說一句話：請多活一天讚美。

我的堂姊22歲因情感受挫自殺；後來陸陸續續在報紙上得知知名女中有女學生自殺；演藝界也有知名張國榮，陳寶蓮跳樓自殺；我心裡都很難過悲傷，「為什麼那麼傻，不求救，選擇痛苦離去，將痛苦留給愛他（她）的人。」有些人想自殺，後來走出困境都分享：我慶幸當時沒有自殺，所以我現在才能過得如此快樂加成就的幸福生活。

德國的偉大作家歌德在青少年都有不順利的戀愛，現實感情不順，加上有博士學位父親強逼他學法律，憂鬱差點自殺。他曾在自傳中寫道：

「我蒐集不少刀劍。在每晚熄燈以前，我自己會以劍抵胸口，看自己有沒有決心把銳利的劍刺入兩三吋深……；可是我總是沒有一次做得出來。後來我終於自嘲愚不可及，此後我便拋去一切憂鬱，決心活下去。」

是的，「決心活下去」，歌德沒有如他寫的《少年維特的煩惱》中主人翁自殺，反而決心活下去，寫一系列文學作品，廣為人知是在歌德去世前完成巨作《浮士德》，他活到83歲（1949—1832），是受到德國人與世人推崇愛戴的大師級的文豪。如果他在年輕20歲就自殺，歌德什麼都沒有了，世人也不可能知道他的文學上天才成就。

如果你現在活得很痛苦，事事不如意，感到很絕望很絕望時，走到無路時：請聽我的好建議：多活一天做以下這些事：

尋求幫助，走出困境

你可以仰望神，求神的幫助。聖經云：「我的心哪，你爲何憂悶？爲何在我裡面憂悶，爲何在裡面煩躁？應當仰望神，因他笑臉幫助我。」（詩篇42：5）一位陳則煌先生得肝癌第四期，被醫生宣判只有四個月生命。陳則煌面臨只剩下4個月的生命，在絕望之餘，仰望神，他生平第一次參加新店行道會的禱告會。當晚在禱告會時，沒想到神透過教會牧者說，神要醫治他。陳則煌聽了，很訝異：「我第一次參加，牧者怎麼會知道我生大病？」結果陳則煌先生眞的被神醫治，七年已經過去，他健康在電視好消息頻道的眞情部落分享：〈眞愛過每一天〉。

從小有靈異體質的羅洛羚，在一次旅遊時，被女鬼糾纏八年，吃不好睡不好，沒有人生的樂趣。在女兒暖情鼓勵下走進教會，聽詩歌，仰望神。眞的在慈愛神的幫助下，她不再吞吃安眠藥睡覺，從此內心有平安與喜樂。現在與先生從事藝術教育。（參考眞情部落格的〈揮別暗影〉）

你可以向良師益友，告訴他們，你目前的慘況。能夠向人求助是聰明堅強的方式。所謂旁觀者淸，他們容易看淸你的事情的盲點與出路，同時給予你的一些有利的資源。我在青少年很迷惘時，我會寫信給老師，從老師的回信得到鼓勵力量，雖然無法讓我豁然開朗，仍有光芒在前面引導。

演藝界澎恰恰，因投資電影失敗，負債超過2億，他尋求幫助，也有所謂貴人企業家願意幫忙。演藝界沒有尋求幫助是倪敏然。倪敏然是位很有演戲導戲的人才，因感情外遇，讓他頻生苦惱自責，他獨自到荒郊野外自殺，留給妻子與兒女與親友，都是

悲傷且錯誤結局。

好書改變一個人命運。你感到絕望時，走進圖書館讀一本勵志書籍，書中例子，會讓你覺得：原來你不是世界最悲慘，你再站起來勇氣頻生。戴爾・卡內基文章中曾舉例：一位因嚴重意外遭截肢的年輕人，在痛不欲生的憂悶裡，他遍讀勵志書籍；在14年裡，讀了超過一千本書籍。後來他因廣泛閱讀書籍得著知識與力量，他坐著輪椅從政，服務群衆。此例子是好書發揮大力量，人因書而貴；人因書而富。

看好自己，寫下自己期望未來

人對自己常常不滿意。「我出生不好」、「我長得太胖」、「我長得太矮」、「我學歷太差」……；怎麼樣看自己都是缺點，渾身不滿意。平時對自己缺點放大，內心深處有自卑自憐說不出的鬱結。

平時對自己就是不看好，不支持自己，一旦自己陷入苦難（生重病/失戀/被裁員失業/做生意失敗/被陷害等等），就陷入絕望說：

「爲什麼這件事發生在我身上？我完蛋了，我夠悲哀，無路可走了……。」

說氣餒的話，越說越氣餒；當你陷入絕望的情緒裡，請你拿出一枝筆，寫出你的優點來支持自己。當你不滿意自己外表時，你就想到出生沒有四肢的澳洲作家的力克・胡哲；當你事業失敗或失戀，就想到美國前總統林肯故事。寫出你支持自己理由，你

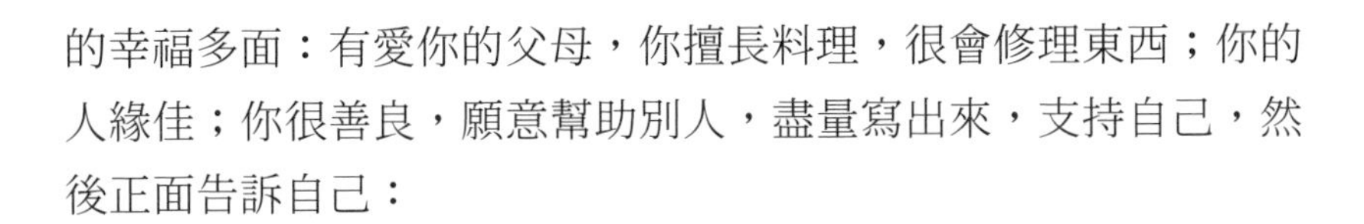

的幸福多面：有愛你的父母，你擅長料理，很會修理東西；你的人緣佳；你很善良，願意幫助別人，盡量寫出來，支持自己，然後正面告訴自己：

「生活是美好的。生活是無限可能。所有問題都有順利解決的答案。此時此刻我有本事面對；我總是出乎意料外平安；我會逆轉勝的。」

支持自己後，開始計畫未來。本來窮困潦倒的安東尼．羅賓，不甘心自己如此窮苦過日子，他發現人內心有位巨人，所以他就開始在立下目標：要成爲世界有名作家，住豪宅，娶美妻。他在《喚醒心中的巨人》說：

「**偉大目標帶來積極企圖心，所以你要寫出自己期望的未來。**正如科提斯（Donald Curtis）說：『我們會成爲什麼樣的人，會有什麼樣的成就，就在於先做什麼夢。』」

安東尼．羅賓以11年奮鬥時間，實現他的人生3個夢。他的著作是筆者所愛看的，常常引用他書中的名言。

你會陷入絕望，一定是遇到很大問題，你是自己的貴人，相信自己內心住著一個巨人，一位英雄，你要支持自己，即使過去你做了很多錯事，蠢事，那都過去了，過去的你不是你，現在的你才是你：越來越有智慧，沒有人可以再傷害你；沒有問題你無法克服；你現在遇到事情你不明瞭，也許生命的眞理就在日後有天顯現在眼前。

陰暗的你，現在最重要，不是選擇輕生，而選擇多活一天，

讚美自己看好自己，寫下自己10項優點肯定自己，然後好好描繪你期望的未來。當你這樣做，等於跟宇宙下訂單。「天若有情，必派各樣好天使來相助」，中國聖人云：「精誠所至，金石爲開。」自助天助。

當你絕望時，感到世界末日要來臨了，請你多活一天讚美。讚美有大能，是一面明鏡，讓你發現自己的優點與這世界的美麗。當你多活一天後，你的消失堅強力量慢慢回來；你再多活一天，二天，三天，七天後，就像童話故事中白雪公主，終於，度過壞繼母一連串毒計與咒詛，從此與愛她王子過幸福的生活；安徒生的醜小鴨終於度過嘲笑卑微的日子，成了翱翔天空的天鵝。

滿滿祝福你：你是位你逆轉勝的頂尖人物，你會好好讚美自己優點，讚美世界萬物，然後找到幸福生存之道；過著越來越好，好得無比的人生。

Chapter 45

讚美自己是天才，創造生命奇蹟

要告訴自己：你是天才，將展現無限智慧。

——約翰・迪馬提尼（John Demartini），美國心靈作家

小娟，很高興在生命旅程當中認識你。你至少小我十七歲。你曾跟我分享你的破碎童年，父母的離異，父親再娶，是在沒有親媽媽偉大母愛中長大的小女孩。這個小女孩超沒有安全感，渴望來自父母眞心讚賞與肯定；很令人失望沮喪的是：你的父母跟大多數的中國父母一樣，對於子女表現好的，一向吝於讚賞。

小娟說，我都沒有看見自己的優點，我一向缺乏自信。（我點點頭，因爲在我過去的成長過程中，同樣是看不見自己的優點，很沒有自信的，這點我有同理心。）

小娟，人高且五官明顯，是外表很亮麗的人。當我稱讚你的美麗外表，你還是沒有全然接受；你說，在二十多歲到三十多歲的青春飛揚時代，應要很聰明規劃自己的將來的夢想，做些很聰明很智慧的行動，爲生命圖畫塗下新穎的色彩；但你沒有；小娟說：

「馨姊，在青春女孩階段，我做了很多蠢事也犯了很多錯，連我爸爸會數落我：頭腦怎麼這麼簡單，那麼容易相信人家。」

小娟會爲成長的蠢事嘆息，像自己爸爸數落自己；因此，你想到過去，不是很滿意自己的表現。（其實馨姊在青春時代，算是迷失找不到人生之路，當時我告訴關心我的老師，我都在壓馬路走來走去……；馨姊也沒有比你強）

小娟，很有才華，文筆超出衆，在教會作文藝事工。當我稱讚你所寫的文章時，你還是沒有百分之百的肯定自己。「馨姊，我超過三十五歲才結婚，你在三十歲前就很聰明知道適齡結婚重要。」小娟，你會爲自己晚婚與結婚多年尚未有小孩，心情有時候會低落沮喪，甚至掉淚，我聽了十分不捨。

「小娟，已經遇見很優秀的白馬王子結婚了，晚婚有什麼關係。什麼時候結婚都很好，最重要是兩人相愛牽手建立幸福的家園；至於生小孩之事，就交給上帝。我會爲你生養衆多祝福禱告；在等待過程中，小娟要先在靈裡生養衆多。」

小娟，要在靈裡生養衆多就是要有夢，將你的才華好好淋漓盡致表現出來，去服務大衆。如果你現在是工作人，你的夢就是將目前工作做到卓越出色，讓現在老闆與天上老闆（我們上帝）滿意；在有空時，你問自己：

「我的人生夢想是什麼？
如果生命只有剩下24小時，我最想做什麼？
在百年之後，我希望留給世界什麼？」

當你如此問，你內在聲音會在適當時間告訴你。最近我在看《正負的法則》這本書，對於作者闡釋：如何讓生命更好，非常深刻，很受砥礪與影響。《正負的法則》作者約翰．迪馬提尼（John Demartini）比小娟與我還蠢，因爲在他讀小學時，就被級任老師認爲有閱讀障礙，就讀特殊班。這個讀特殊班的標籤，使他自尊心低落，認爲自己是智能有問題的人，他放棄自己。直到17歲遇見一位92歲的人生導師，向他啟迪：**每個人在某個領域是天才，要相信自己的無限可能；不要被世俗評價左右對自己的肯定，要拿掉所有外界給你的標籤。**這位92歲的人生智者對17歲的約翰．迪馬提尼說：

「約翰，要告訴自己：你是天才，將展現無限智慧。你每天要不斷如此宣告，直到體內細胞完全相信爲止。」

同樣約翰．迪馬提尼，17歲前是智能障礙者；17歲後因改變思維，相信自己是某領域天才，從此人生大不同：高中畢業的他再回學校讀大學，後來當一位很專業的整脊師，同時是一位寫了40多本作家與世界有名演講家。約翰．迪馬提尼說：

「**天才，是懂得聽從靈魂指引的人。**我們每一個人，都有成爲超級天才的潛力；成就自我體內的天才，是我們的責任與義務。一般人總是無法擁有跨時代的成就；因爲他們甚至不敢作夢。請不要再內心貶低自己，認爲自己是一無是處；不斷地打擊自己。我們是神身上一塊小小存在，不論你曾經做什麼或沒做什麼；你都值得被愛。」

「你對生命的期盼有多大，你的成就就有多大。在寫給上帝一封信，最後我寫：『**請准許我擁有高水準、高文化的生活，**陪伴我追求人類生命圓滿一生。』人生在世，不是妄自菲薄，乃是照亮世界。」

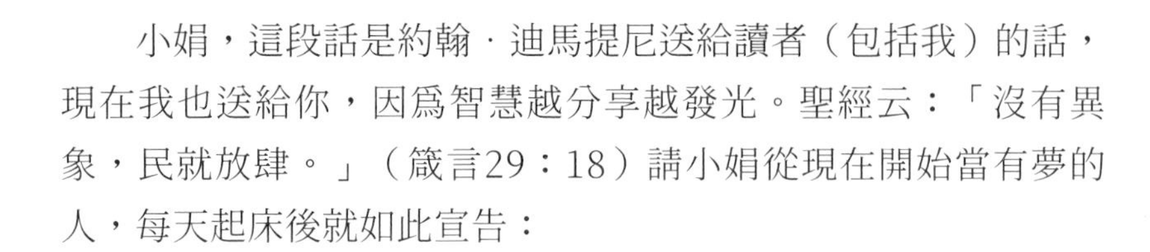

小娟，這段話是約翰．迪馬提尼送給讀者（包括我）的話，現在我也送給你，因爲智慧越分享越發光。聖經云：「沒有異象，民就放肆。」（箴言29：18）請小娟從現在開始當有夢的人，每天起床後就如此宣告：

「我是天才，將創造奇蹟的生命。」

把這個宣告說一千遍也不厭倦。當你如此一千遍宣告，上帝聽到了，會派宇宙天使來幫助你的；因爲心中有夢的人是發光體，自然吸引正能量。

小娟，我們每個人成長都有很多蠢事與荒唐事；有的人成熟早，有的人成熟晚，這都沒關係；最重要是我們現在健康活著，現在的我們比過去聰明有智慧，那就夠了。「做大夢創造生命奇蹟」永遠來得及，不關乎年齡。40歲的人可以做夢；80歲也可以做夢；50歲，60歲，70歲甚至90歲都可以因夢想，創造奇蹟（你可以上網找，很多例子）；只要選擇目標，勤奮去實踐，一定會慢慢會有成果出來。小娟，馨姊想要當偉大暢銷作家，當馨姊立下這個目標，一年半後已經寫了20萬字，雖然現在還在找出版社，但比5年前的我沒有夢的人，已經有進步成績。同樣是我，因爲有夢，就讓我展現內在恩賜來實踐夢想；生活起來有動力有理想，覺得自己既是平凡又不平凡，同時也忘記自己的年齡了。

小娟是位智慧聰明有才華的優質女性，很喜歡你如一朵美麗生命之花綻放在人們面前，經過的人都會一一讚賞。小娟，要每天宣告：「我是天才，將創造生命的奇蹟。」把你要生養衆多的奇蹟與還有其他生命奇蹟寫下來，相信你一定會成爲有奇蹟故事分享的人。小娟，讓我們在離開這個世界以前，我們生命寫下很多奇蹟故事，溫暖人間，讓很多人仿效我們去書寫他們的輝煌故事。

最後，祝福小娟：小娟是天才，將締造生命的奇蹟。

Chapter 46

好品德是人生最重要的一課

把德行教給你們的孩子：使人幸福是德行而非金錢。

——德國音樂家貝多芬

在2021年10月21日，從網路得知：中國大陸有鋼琴王子李雲迪因嫖娼案被捕。當我得知這個網路眞實報導，非常震驚。我是母親，我可以同理心想到李雲迪的母親張小魯的心，如百根針扎著，那樣心痛，難過痛哭。

李雲迪是筆者曾在勵志文章舉例人物，因爲他每天勤奮彈鋼琴沒有間斷，具有百忍堅持的吃苦個性，勉勵讀者：要成功至少勤奮十年以上。李雲迪曾經在兒童時期多看卡通節目，電視機隔天就被媽媽張小魯送到外婆家，家規：不准因看電視而荒廢彈鋼琴。母親張小魯犧牲自己所有玩樂，後來還放棄自己的夢，就是要專心一意，隨時隨地陪伴愛兒李雲迪彈琴，希望兒子李雲迪出人頭地，拿到鋼琴大賽好成績。

李雲迪（1982年出生）在母親張小魯刻意犧牲刻意栽培下，2000年，18歲的李雲迪出國參加比賽，就獲得第14屆蕭邦國際鋼琴比賽冠軍。其特約評判說：李雲迪是最完美也最富有詩意的鋼琴家。18歲的李雲迪成了73年來蕭邦大賽中最年輕的得主，同時也是第一位獲得殊榮的中國人。19歲李雲迪登上中國的春晚，受到全中國人熱烈掌聲。

日本指揮家看好李雲迪成爲偉大鋼琴家。多少海內外的男女老少都認識這位帶有靦腆笑容的鋼琴王子。筆者常在煮飯的黃昏特意放李雲迪在18歲鋼琴大賽所彈的琴聲來驅趕生活的單調，增加生活的詩意。李雲迪的鋼琴成就也是多少海內外華人學琴孩子的標竿：只要勤奮練習，你就有機會登上世界的舞台。

39歲的李雲迪卻因嫖娼，成了國內外的頭條人物。母親張小魯痛苦失眠；筆者算是憂心不捨，一位天才鋼琴家，一個鋼琴王子，如在雲間的王子，墜落凡間，滿臉汙泥，受人嘲笑。我想李雲迪目前痛苦不亞於母親張小魯，對於自己身陷如此泥沼，應無限後悔自責。本文是以李雲迪例子，來探討一個主題：好品德是人生最重要一課。

每一對父母都希望自己孩子出類拔萃，榮耀祖先。所以，寧可苦自己，也要盡全力栽培孩子出人頭地。我是母親，有一對兒女，能夠明白天下父母心。但很多父母會給自己孩子上昂貴私立學校，學了很多才藝課，希望孩子學業成績名列前茅，一路讀名校，將來有輝煌的成就。孩子除了讀書再讀書；練鋼琴外再練鋼琴，沒有任何休閒娛樂，追求全是自己的亮麗成就；追求輝煌成就期間，不會想去關心弱勢族群做公益；不會去探討生命眞理，以及眞正生命贏家的境界。很多人在俗世成功後，反而迷失了墮落了。

多少人得到大成功，後來大失敗爲結局。國內外演藝界多少知命人物，因賭博，吸毒，感情外遇，身敗名裂。追究其原因：沒有正確價值觀來養成好品德。

有智慧父母卻有先見之明，非常重視好品德的養成，認爲人生要眞正贏家在於好德性。籃球明星林書豪的媽媽吳信信就是個好例子。

林書豪，華裔美國人，有過籃球界的傳奇故事：曾在美國打NBA時，讓所屬尼克球隊創七連勝，創林來瘋的現象，揚名華人國家。因東方體型要在美國的NBA打籃球，是不容易的，何況成了球隊的贏球關鍵人物。林書豪做到了，所以在2012年，林書豪被《時代雜誌》列出百大最具影響力人物。

筆者曾經在好消息電視平台聽見林書豪與母親被訪問，我仔細聆聽，聽見林書豪的母親吳信信對於林書豪從小的栽培：每週一定要上教會，聽牧師說做人處事道理，什麼是生命的眞理；且要有服務觀念，在教會，幫助別人是被教導；要克制自己，抵擋外界的誘惑。

林書豪的母親吳信信堅持自己兒子一定要上好品德養成教育。好的教會就是養成人好品德的地方，以開放教育有名的吳信信，不畏傳統華人打籃球沒有未來的眼光，讓兒子林書豪選擇打籃球爲職業，卻只有一件事堅持著：林書豪一定要上教會，好信仰帶來好品德，好品德是人生得勝力量。所以林書豪因籃球慶功宴，選擇缺席教會，母親吳信信不准；所有歡樂活動與慶功活動可以缺席，假日的教會活動一定出席，這是林家的家規。

林書豪在好教會中耳濡目染下，學會合群，好相處能力，最重要是心中有崇高的力量，來面對這世界的挑戰。他爲上帝的榮耀打球；他在坐冷板凳時，他耐心等候，不氣餒，不放棄。在面對誘惑時，聖經的眞理就成了盾牌，斷然拒絕。在林來瘋林書豪時代，他會與球員一起做公益，還風塵僕僕回到爸爸出生地台灣，做好幾場生命見證，同時與喜歡他大朋友小朋友合照。

聖經云：「教養兒童，使他走當行的道，就是到老也不偏離」，成林書豪的母親教養林書豪的座右銘，即好品德是人生重要一課，學好這門功課，才可以長久維持自己走在生命道路上，到那兒都能潔身自愛，且造就周遭的人群。現在林書豪離開他的熟悉美國，到中國大陸打籃球，我想林書豪的媽媽吳信信，不用擔心林書豪是否吸毒、陷入色情不可自拔；吳信信深信上帝與兒子林書豪同行，林書豪從小時的好信仰，讓媽媽不用活在擔憂中，深信兒子林書豪的好品德與打籃球齊飛揚，閃亮發光。

李雲迪的恩師但昭義曾在李雲迪一些有違好品德表現時，給媒體一段話：

「先做人，再做藝術家，再做音樂家，最後才是鋼琴家；反過來的路是走不通的。」

以上的話是智慧言語。先做人就是好品德，好品德顯然是鋼琴家很重要功課。可惜，從前天才李雲迪沒有修好功課的學分。李雲迪能夠18歲得國際鋼琴比賽冠軍，背後有媽媽小魯的辛苦搖籃手，日夜陪伴。但媽媽張小魯著重鋼琴技巧超越同儕達國際水準，卻忘了從小給兒子上「好品德」課，可以多讓讀賢書，好的課外讀物，以養成好的思想觀。「下一代的出類拔萃與長久的成功都是建立在好品德上」，辛苦的母親供應自己能供應，不准看課外讀物浪費時間，有些好品德教導來自好書。

李雲迪曾彈奏德國音樂家貝多芬出專輯，對貝多芬音樂下過功夫。李雲迪與貝多芬從小都被嚴格要求彈鋼琴，彈不好有苦頭吃。李雲迪與貝多芬都沒有玩樂童年，身心靈難免失衡。所幸貝多芬在青少年廣泛閱讀書籍，尤其思想哲學家康德。康德的思想：「**世界上只有兩樣東西值得我們敬畏：一個是我們心中崇高的道德準則，一個是我們頭頂的星空。**」應該深植在貝多芬的心靈，所以貝多芬在生命旅程上，走來都如頭上星光燦爛，令人學

習與稱讚。

音樂家貝多芬說：

「把德行教給你們的孩子：使人幸福是德行而非金錢。這是我的經驗之談。在患難之中支持我的是道德，使我不曾自殺的，除了藝術以外是道德。」

「崇高道德準則」在貝多芬心靈，所以在他失戀時，不會殺人或爆料對方，貝多芬寫下名曲〈給愛麗絲〉，聽了好舒服好清澈；在他耳聾時，對於音樂家無異宣判死刑，貝多芬說：

「我扼住命運的咽喉，不容它毀掉我。」

貝多芬在耳聾日子寫下〈歡樂頌〉；痛苦中還寫下歡樂樂音，多麼高貴的靈魂啊！是的，貝多芬的崇高德行使貝多芬成了一個偉大音樂家，受到世代推崇。

網路上說：天才李雲迪完了，這輩子徹底完了。筆者不會同意這樣說法。筆者堅持：「人的盡頭就是神的開頭。」人因犯錯走到無路時，只要願意心悔改；宇宙間最慈愛憐憫的創造主都願意給人機會；柳暗花明又一村。

對於一直播放李雲迪的鋼琴音樂的我，**祝福這位鋼琴王子，好好修讀「好品德是人生重要一課」終身學習**，然後如音樂家貝多芬的不屈服個性，扼住命運咽喉，不容這次犯錯毀掉一生。在自我反省期間，好好閱讀好書，接觸如林書豪這樣的益友，化教訓爲智慧；重拾對鋼琴的熱愛，繼續在琴藝精進，往鋼琴大師創作之路邁進；這樣不辜負你的媽媽與那些看好你成爲偉大鋼琴家的人。

Chapter 47
歌詠
靈魂之愛

我怎樣愛你？讓我來告訴你。
我用我靈魂所能達極限來愛你，
就像在黑暗中感受
生命的盡頭和上帝的恩惠

——伊莉莎白・巴萊特，19世紀英國女詩人

秀秀是我大學的學妹，我們都住在北投。她常來找我，逛逛我目前住的奇岩生態社區，因奇岩社區空曠綠意盎然，且有鴨鴨池塘；每當早晨黃昏，都會看到一對對恩愛的老夫老妻一起散步走路。

一日，我們在奇岩社區散步時，秀秀問我：「台灣的離婚率在亞洲算很高很高，怎麼一回事？」秀秀問得好。離婚率升高，很多年輕人在婚姻大門前卻步，因爲網路與媒體都在報導，哪一對夫妻又離了；哪一個企業家外遇有新歡……；似乎甜蜜愛情只是童話。

秀秀，其實甜蜜愛情不是童話，它是宇宙的現象，你看，大地的萬物都在甜蜜愛情中，互相扶持，企鵝/小鳥/麋鹿與獅子等動物，都是雄與雌性一起共同孕育下一代，就像電影中的獅子王，小獅子的生存智慧之道是從父親獅子王得到，然後代代相傳生生不息。電影獅子王中有歌詞如下：

這是生命的循環
推動我們向前走
穿越絕望和希望
穿越信仰以及愛
一直到我們覓得
我們的安身之所
展現在這循環中
在生命的循環中

甜蜜的愛情讓一對夫妻幸福生兒育女，患難與共，牽手到老，上一代如此，下一代也是如此，這是生命循環。英國詩人羅伯特．勃朗寧說：「愛情就是生命活力。」詩人勃朗寧一生就是以甜蜜愛情呵護妻子伊莉莎白．巴萊特，從相遇那一天到微笑去世那一天。秀秀，我分享最近才閱讀到詩人勃朗寧與太太女詩人巴萊特的愛情童話：

英國女詩人巴萊特於1806年出生富豪之家。從小愛閱讀，沉浸文學世界，會寫詩，是天才的小詩人，13歲就出版第一本詩集。很惋惜是在她15歲那一年，她騎馬，從馬背上摔落下，傷損了脊椎，以致無法走路，成了癱瘓在床上的病人；後來雪上加霜，又染肺病，是一個被禁錮被生命開玩笑的悲劇人物。

巴萊特不因爲生命悲劇失去寫詩熱情，她奮力不輟寫詩，在38歲出版詩集，在英國的文壇上引起廣大注目與迴響，且吸引同樣愛寫詩的羅伯特．勃朗寧的喜愛。勃朗寧寫信給巴萊特，告訴她：我愛極了你的詩。就這樣，詩成了巴萊特與勃朗寧的媒人，他們彼此通信，互相愛慕對方。愛情力量眞的偉大，愛情使癱瘓在床巴萊特站起來走路，來到客廳與登堂拜訪勃朗寧說話，還可以外出。巴萊特曾寫：

「我能外出了，因為春天因為你。」

甜蜜的愛情治癒身體的疾病與年齡的差距。33歲勃朗寧要娶39歲巴萊特，兩人決定以愛共度一生。39歲巴萊特不顧父親的反對，毅然決然嫁給勃朗寧。婚後他們移居義大利佛羅倫斯居住。在濃濃甜蜜中真的幸福愛裡，43歲的巴萊特生下兩個人愛的結晶——兒子。愛情不但使生命充滿美麗，還帶來奇蹟。甜蜜巴萊特寫：

「我怎樣愛你？讓我來告訴你。
我用我靈魂所能達極限來愛你，
就像在黑暗中感受
生命的盡頭和上帝的恩惠。」

愛情使兩位詩人勃朗寧與巴萊特寫下流傳世代的詩集，兩人一起度過15年婚姻生活成了永恆的愛情故事。56歲的巴萊特（1806-1861）在6月29日那天，沒有預警在50歲丈夫羅伯特·勃朗寧胸前安詳平靜地離世。

這愛情故事仍繼續書寫，過了28年後，78歲的勃朗寧將一個珍貴盒子交給兒子貝貝尼，盒子裡面全是父母勃朗寧與巴萊特的書信。兩人偉大愛情穿越世代，印刻世人的心靈上。愛情激發兩個人的生命靈感與體悟，都寫下感人的作品，造就最好的自己與幸福的人生。

秀秀，不要管這世界離婚率有多高，不要專注離婚率的故事，我們來探討「失落的婚姻經典」。勃朗寧與巴萊特的愛情故事，詮釋一個婚姻失落的經典——靈魂之愛。**靈魂之愛，讓人不著眼對方缺陷；不抱怨對方的個性**，他們彼此遵守當初的互許終身的諾言，所有患難與疾病與年老都是無法拆開對方的愛。

在靈魂之愛光芒照耀下，兩人眼中都看對方都是瓦器中的寶貝，即使有瑕玼，用愛去包容與修補。巴萊特這位女詩人，身體癱瘓且已經過了適婚年齡，照常理來說是註定孤獨終老，會寫些心中黯淡心情詩句來抒發對命運不公的抗議。沒想到女詩人巴萊特遇見眞愛，忠貞愛情成了她的人生轉捩點。她因勃朗寧靈魂之愛，帶來生命花園的無數幸福花朵，心中蕩漾無比生命快樂的歌詠，巴萊特曾寫：

說了一遍，請再對我說一遍
說：「我愛你！」
即使那樣一遍遍地重複
你會把它看成一支布穀鳥的歌曲
………
處於那痛苦的不安之中
我嚷道：「再說一遍我愛你！」
誰會嫌星星太多
每顆星星在太空中轉動
誰會嫌鮮花太多
每一朵鮮花洋溢著春意
說你愛我 我愛你一聲聲敲著銀鐘
只是要記住還得用靈魂之愛 在默默裡

「秀秀，這就是我分享勃朗寧與巴萊特的愛情故事。喜歡嗎？感動嗎？」

「馨姊，我滿感動的。我已經跟先生冷戰3天了，回家後，我應該主動說話，喔！學巴萊特說：我愛你。我愛你不嫌多耶！」秀秀回答。

「秀秀不錯喔，願意改變。馨姊也要改變，不抱怨丈夫沒送玫瑰花園的有錢；感謝丈夫穩定工作，帶來穩定生活。秀秀，感謝話語，應該常從我們做妻子說出來。感謝話語也不嫌多」，我也說出心情語。

在北投一個奇岩社區鴨鴨池塘，一群鴨鴨早晨黃昏戲水的家園。秀秀和我是已婚，是母親，都有一兒一女，兩人丈夫都算愛家且有穩定工作。今日我們有一個共同約定：

「找回失落婚姻的經典，**以靈魂之愛去經營一輩子幸福婚姻，然後傳給兒女；兒女再創造幸福婚姻，兒女的兒女再再創造幸福婚姻**，這就是生命的循環。若我們做到了，就是對當前昇高離婚率與這世界的美好的奉獻。」

「做得到嗎？只要現在立志；一定會擁有幸福婚姻，如聖經所說，只要信是得著就得著。」秀秀與我相視而笑，天空白雲照在池塘上成了圖畫，公鴨母鴨帶著小鴨戲水，激起一圈又一圈圓圓水花，幸福的水花對我們笑。（2021/11/19）

Chapter 48

讚美自己：不批評

批評會在心中種植恐懼或憎恨，而不是建立愛與關懷。

——拿破崙·希爾（Napolen Hill），美國成功學作家

秀秀，你最近問我：「你愛批評嗎？」

「我承認過去很笨，很愛批評；現在正學著智慧聰明，以祝福言語代替批評。」

最近聽到朋友在我面前說，一些兒女不對難堪的事情；電視上也充斥一些批評的政論節目；連自己也會不小心說溜的嘴，批評一下自己的親人。有時候爲什麼有的家庭吵吵鬧鬧，四分五裂，彼此不相往來，完全是相互批評的禍。

有關於批評的觀點，全世界賣暢銷書名列前茅的美國成功學作家拿破崙·希爾（Napolen Hill）在《思考至富的聖經》說：

「人類的心靈眞是強而有力，它不是建設就是毀滅。批評會在心中種植恐懼或憎恨，而不是建立愛與關懷。父母經常因批評孩子，而對他們造成無法彌補的傷害。我一位童年朋友的母親，幾乎每天鞭打他，打完後會說：『20歲前，你一定進感化院。』結果他在十七歲那年，進入感化院。

批評是人們做得過多的一項工作，無論有人要求與否，他們都免費奉送。**最親近的親友就是愛批評的人。**任何家長經由不必要的批評，使孩子產生自卑情形，應視為一種罪惡。了解人性的雇主，會藉著建設性的建議，而非批評，來獲得人們最佳的潛力。」

秀秀，你是母親，不要在孩子面前數落他們不對，也不要打line向朋友（包括我）說自己家兒女的缺點，因你越描述自家孩子的缺點，形同在另一個平行宇宙再度鐫刻他們的缺點，勒住嘴巴，不在人的面前批評自家兒女，以祝福言語代替批評。

「你愛批評嗎？」當老師的，容易當衆批評學生。當愛迪生被學校老師批評低能學生；美國泳將飛魚費爾普斯從小是過動兒；被幼兒園老師批評，將來不會有多大成就；英國前首相邱吉爾數學常考鴨蛋，被老師預言，無法成為他父親期許當一名律師；如果他們沒有遇見鼓勵他們的母親或父親，愛迪生不會成為科學家，費爾普斯不可能是偉大運動家，邱吉爾也不可能成為一位改變歷史的英國首相。可見讚美與愛是激發人的潛力最好的老師。

筆者曾閱讀一篇文章寫著：外國一位文壇新秀因一篇批評論斷他的文章，以致自殺。別說學生幼小心靈在意師長的批評話語，尼采寫文章批評他的好朋友音樂家瓦格納，從此他斷絕往來。所以，批評話語永遠是罪惡，自己犯罪，同時也污染人向善的心。

很多妻子很愛數落，批評自己丈夫，讓丈夫生活在水深火熱中。著名蘇俄名作家寫《戰爭與和平》的托爾斯泰，早期托爾斯泰婚姻還算甜蜜，後來托爾斯泰漸在文壇有名氣，他的太太也

許怕他外遇或一些理念不合，經年累月妻子在言語上嚴酷批評他多於愛，以致托爾斯泰晚年生活痛苦不堪，即使生重病寧可在外面，也不願回家。

我有一些離婚的教會姊妹告訴我，未接受聖經眞理教導的她，是大女人主義，常常不經意貶損自己的先生，拿自己先生成就與別人丈夫比較，批評與比較結果，造成愛情的流失，最糟糕是離婚，造成彼此與下一代心靈的傷口。

「我終於明白了，要如聖經所教，將丈夫當頭，尊崇丈夫，言語要溫柔和氣，讚美丈夫，是幸福婚姻的祕密；雖然我離婚，但我知道我會教導我家女兒，她剛新婚。」教會姊妹如此告訴我，有關她最近的體悟。

聖經說：「我們要留心行光明的事，不但在主的面前，就在人的面前，也是這樣。」每個人的心，都是渴望被讚賞的，當你不斷以建設性話語鼓勵當事人，建設性話語就是一道光明，指引他努力的方向。每天說激勵人心話語就是行光明的事。

對國家也是如此，不要一天到晚在公共場合批評東，批評西；好像自己國家是世界最爛的，其實批評本身就是負能量，如古諺有云：「咒罵別人，就會應驗在自己身上。」你咒罵國家領袖，警察或議員都是無濟於事，無法讓國家進步強盛，你關心國家，就問自己：「能爲國家做什麼？」最容易做到的是：多爲國家祝福禱告，以祝福話語創造國家的願景。

讚美話語是如送一朵美麗花給對方；對方聞到花香，你也聞到花香，雙方芬芳喜悅，且在喜悅中改變現狀。批評話語像一把刀，刀傷別人，有時候也傷到自己，彼此都是傷害，在傷害中加深仇恨。一朵花與一把刀都是生活方式，選擇權在自己。

秀秀，讚美自己：不批評。以祝福代替批評。記得下回打

line給我時，不可在我面前批評你的先生或孩子，你若擔憂孩子的未來，就讓我們一起每天說祝福讚美話語來改變現狀。我們是世界最愛讚美的美人，我們要將批評的話，化爲陽光笑容花兒祝福對方。

Chapter 49
眞愛婚姻勝過百億價値

我與柯林頓維持婚姻，這是我這輩子最大膽的決定。

——希拉蕊，美國前總統夫人

眞愛婚姻的貢獻不遜於一個偉大發明，造福世代。

我的父母同歲，21歲那年媒妁之言就結婚了。他們是勤儉的農夫，一生在土地努力耕耘，在陽光下流汗，用最大心力栽培四個孩子長大成人且受高等教育。農夫是靠天吃飯，我的父母在我們小時候會因錢問題常大吵，卻從來沒有「離婚」在他們憤怒口中出現過，吵完架的父母幾天後還是和好了，繼續爲家庭忙裡忙外，希望給孩子最好的物質與未來。

我的媽媽在86歲去世，爸爸92歲去世，這對生活約65年的夫妻，留給他們孩子是，完整的家庭，讓我在婚後帶著自己的一對兒女回家時，有慈祥呵護的娘家，自己孩子有外公外婆的疼愛，這樣家庭的幸福是無價之寶，世代相傳。

美國美國鋼鐵大王安德魯．卡內基（Andrew Carnegie）說：「離婚讓孩子遭受沒有父母的痛苦。**如果有孩子，最好不要離婚**。由於父母離婚，孩子天眞無邪的雙眼中流露痛苦，開朗的笑容蒙上陰影。」爸媽離婚的小孩都不太快樂，成長色彩是陰暗的。松田聖子是日本紅星，離婚兩次。她和前夫神田正輝，所生女兒神田沙也加在就學時曾遭霸凌，成長歲月心靈因

父母破碎的婚姻而無法完整，有某種暗黑情緒，讓自己瑟縮在人際的角落裡。當長大適婚的神田沙也加走進婚姻，不到3年（2017~2019）就離婚了，今年12月18日在下榻酒店墜樓，享年35歲；令人不勝難過唏噓。

美國女強人希拉蕊在3次面對美國前總統柯林頓的出軌外遇，她選擇不離婚，因爲她希望自己女兒有一個完整的家。希拉蕊曾說：

「我的外公外婆在我的母親很小的時候就離婚了，我母親的整個童年都過得悲慘又寂寞。」

這位一直在事業表現亮眼，是總統丈夫最佳夥伴的希拉蕊，在2019年《早安美國》10月分的一個訪談裡，當主持人問她：「你這一生做過最大膽的事情是什麼？」希拉蕊出其意料之外回答：

「我與柯林頓維持婚姻，這是我這輩子最大膽的決定。」

「維持婚姻」竟是這輩子最大膽決定，而不是選擇「離婚」。希拉蕊與柯林頓這對政壇的金童玉女，走過3次結婚風暴，（很多人都認爲他們一定會離婚，因柯林頓老是外遇）雖如今柯林頓已是卸任總統，希拉蕊不再有總統夢，兩人最愛牽著手在海邊散步，希拉蕊與柯林頓的婚姻也從1975年到2021年，維持46年，希拉蕊做到給自己女兒一個完整的家，不讓自己女兒有悲慘寂寞的童年。

眞愛婚姻一直存在。總統是美國最高權力象徵，想出軌對婚

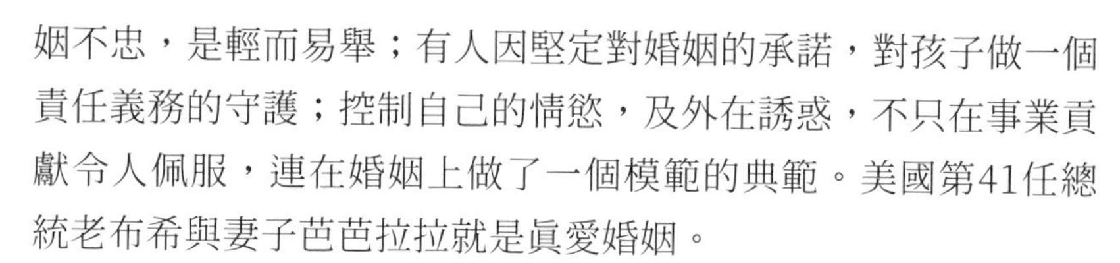

姻不忠，是輕而易舉；有人因堅定對婚姻的承諾，對孩子做一個責任義務的守護；控制自己的情慾，及外在誘惑，不只在事業貢獻令人佩服，連在婚姻上做了一個模範的典範。美國第41任總統老布希與妻子芭芭拉拉就是眞愛婚姻。

美國前總統老布希從17歲那年，在一個Party認識16歲的芭芭拉那天開始，甜蜜愛情就在兩人心中。兩人未曾有兵變事件。因老布希認識芭芭拉後，18歲生日那天選擇加入美國海軍，後來參與第二次世界大戰執行軍事任務。在老布希從軍期間，他們一直關心對方，愛情給年輕的老布希在從軍很大奮鬥力量與避開死亡活著的信念，要榮耀凱旋且平安歸來與所愛的人結婚。芭芭拉耐心等待4年，一直透過書信或可以聯絡方式，讓愛人知道她永遠眞心不變，她永遠在家鄉等他回來。芭芭拉是愛情的忠實者，在她20歲與21歲的老布希結婚了。

老布希當美國第41任總統4年期間，芭芭拉不曾戀棧繁華世界，或多看帥哥幾眼，她一直看重妻子和母親的角色，總是盡心盡力盡意扮演著。一直將家整理有條有理，且注重孩子教育。兒子小布希不愛讀書，她就用聰明方式讓小布希愛閱讀。對外，她是總統第一夫人，投入慈善事業與掃文盲活動，成爲美國人眼中最有才德的總統夫人與一位重視教育且愛家的母親。芭芭拉陪著老布希出席在大型晚會與重要場所，她的所流露出高貴智慧氣質，都讓丈夫老布希很容光煥發，面子十足。芭芭拉只是一個家庭主婦，因眞愛的信念，讓芭芭拉在妻子與母親角色亮麗稱職，丈夫感激；孩子愛戴。

老布希總統在結婚70周年紀念日，在社交媒體這樣表白：

「70年前，來自紐約的芭芭拉讓我成爲地球上最幸運、最

幸福的男人。」

芭芭拉在她與老布希結婚73年時，92歲芭拉拉非常感性說：

「從16歲到92歲，他是我唯一親吻過的男人。」

芭芭拉從不離開丈夫老布希，陪伴丈夫走過73個春夏秋冬，以眞愛相扶持自己選擇伴侶，讓伴侶無後顧之憂，全力衝刺事業，老布希擔任美國第41屆總統，還栽培優秀兒子小布希，擔任美國第43任總統。芭芭拉以眞愛澆灌幸福的家，眞愛的婚姻出產兩位美國總統，太偉大了。

2018年，92歲芭芭拉於4月18日去世，愛她很深的老布希，哀傷不已，同年，11月30日去世。世人與媒體都非常敬愛這對眞愛的夫妻，大家對芭芭拉與老布希神仙夫妻給予這樣評價：他們這73年婚姻都遵守且實踐婚禮的誓詞：

「無論疾病還是健康、貧窮還是富有，我都愛你；直至死亡將我們分開。」

外遇的婚姻容易成了家庭幸福財富的破口。台灣有位大企業家，事業非常成功，是台灣富豪。他忠於事業，卻不忠於婚姻。他常出入紅燈場所，一生有三個妻子，還有一個沒有名分的情婦。後來大企業家兒子也外遇了，十幾年後大企業家的兒子的兒子已經結婚兩次，現在又有新歡。當我們閱讀大企業家家族的故事，會帶來省思：外遇會不小心傳給下一代，帶給家族是生命破口，快樂幸福財富不斷消耗，形成家族一筆爛帳。

同樣是大企業家洛克菲勒在家書告誡兒女：

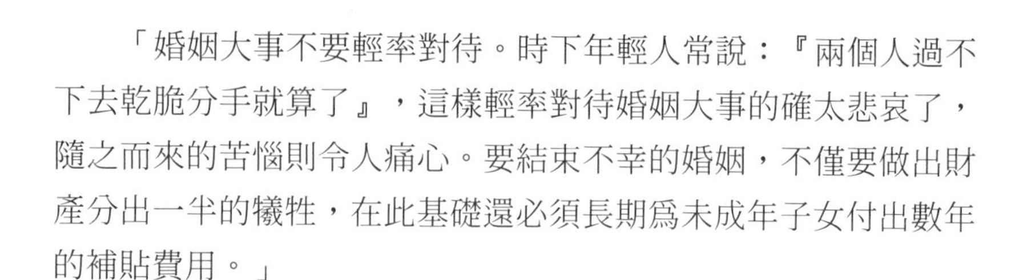

「婚姻大事不要輕率對待。時下年輕人常說：『兩個人過不下去乾脆分手就算了』，這樣輕率對待婚姻大事的確太悲哀了，隨之而來的苦惱則令人痛心。要結束不幸的婚姻，不僅要做出財產分出一半的犧牲，在此基礎還必須長期爲未成年子女付出數年的補貼費用。」

婚姻大事不要輕率對待，這是一個幸福事業，不只讓自己幸福，且讓下一代大幸福；這樣雙重幸福是價値連城的，可媲美一個偉大夢想，成就自己也成就世代。

美國前總統小布希婚前與婚後都有酗酒的壞習慣，妻子蘿拉告訴小布希說：「我相信你會成爲更好的男人。」每次小布希有在酗酒做控制時，蘿拉都會給與丈夫小布希表揚，終於在婚後9年，小布希在40歲那年終於酗酒成功，從此朝向幸福的家，事業輝煌的二者齊飛揚之人生。

小布希在當總統期間曾對當時國務卿萊斯有好感，有曖昧，這讓當時總統夫人蘿拉與他大吵，氣得離家出走。當小布希卸任總統後，夫妻兩人分居兩地。小布希在67歲在接受心臟支架手術前向前來探望蘿拉懺悔：

「請你原諒我，讓我重新回到你身邊；今生只愛你一個人。」

蘿拉在丈夫小布希眞心懺悔後，選擇原諒，不再分居，重新回到小布希旁邊。時間過得眞快，小布希今年76歲，這對同齡夫妻從31歲結婚，至今已有婚姻維繫45年了。

足球明星大衛貝克貝克漢（David Beckham）與歌者維多

利亞（Victoria）在1999年結婚。婚後兩人恩愛有加，孩子陸續誕生。兩人在2017年續簽他們的婚姻誓言。維多利亞對貝克漢說：

「**你是我的靈魂伴侶，是最不可思議的丈夫。**我們互相包容。他每天和孩子在一起，他對待我的方式激勵我，我們很幸運擁抱。」

幸福家庭都相似，彼此包容，彼此忠心婚姻，以眞愛經營一輩子。長久的幸福婚姻是生命最大祝福，這祝福是自己、後裔與世界，價值是幾何倍數複利增加，創造宇宙繼起之生命。不幸婚姻，各自表述，除了自己生命有很深的缺憾外，孩子生命有個難以彌補的空洞，所造成自己與下一代在物質與精神損失，是難以幾句話或數字所能形容的。

「**別人可以擁有眞愛婚姻，我也可以做到且做得更好**」，讓你自己擁有這樣的信心。

眞愛婚姻一直存在平凡小老百姓中，也存在皇家貴族中。百億的豪宅誠然寶貴，眞愛婚姻勝過百億千億，是傳家之寶，送給世代最富有的財產。祝福天下有智慧人：眞愛婚姻長長久久，成爲世上最幸運、最幸福的人。

Chapter 50

讚美自己：永遠爲幸福傑作忙碌

由於我是天才，所以沒有死亡的權利。

——達利，西班牙藝術家

2022年6月29日剛好路過新北投梅庭，有個「幸福就像日常風景」的展覽，我被吸引了，就走進去了。

「哇！93歲阿嬷的畫畫，色彩如此鮮豔繽紛！」我讚嘆著，邊看邊感動，那麼有生命力的花與鳥；那麼豐富可口的水果，一一童趣純真美好呈現在眼前，93歲的年紀，應該躺在床上吧，病懨懨的；但93歲的阿嬷——曾鳳麗女士，卻那樣高貴良善平和畫畫，這樣生命充滿活力有興趣忙碌的態度，可以媲美任何年輕人，多麼完美示範生命的一幅圖畫。

曾鳳麗女士，正如你家長輩，年輕時生兒育女，辛辛苦苦栽培兒女長大，嘮嘮叨叨要子女注意這個，注意那個，這樣才能出人頭地；閒暇時看台語電視劇，每天尋常日子忙碌充實快樂。但隨著子女長大離家奮鬥，有的子女住在國外，往昔充滿人氣的家已經空蕩蕩了，空巢期不被需要的強烈感覺，就這樣襲擊曾鳳麗女士，生活的一張圖畫風景是萎縮的生命花朵，很無奈空虛的存在，花朵顏色是黯淡，影子姿態低垂的。

在八十四歲的一個午夜，曾鳳麗女士不小心摔斷手，本是低迷的心，更是讓她覺得日子寂寞漫長難熬。女兒陳明芳心疼媽

媽，後來想到媽媽曾畫了幾張燦爛的畫作，「何不以畫畫來充實媽媽這個空蕩蕩的家居日子？」當陳明芳畫家這樣思考，就帶動媽媽走進畫畫這個富麗多彩的天地。

在畫家女兒陳明芳鼓勵下，接觸畫畫，就這樣畫畫的燦爛顏色充滿空虛的心靈，慢慢地逐漸地，曾鳳麗女士笑了，個性日趨開朗，這樣的改變，家人都可以感受到：枯萎的生命之花，因畫畫的活潑自由有了生機了，再度綻放活力。年輕時候的幸福感，悄悄再塡滿曾鳳麗女士，她畫下她眼中的花朵與活潑會唱歌的小鳥與日常可見的水果；正如展覽「幸福像日常生活風景」中的介紹文：

「人的心靈像一棟房子，而畫畫就像蓋了新的溫室花園，可以有個溫暖繽紛的空間，卽使在舊房子裡，也能有新的家具，新的光采！」

是的，人的心靈像一棟房子，愛上畫畫的曾鳳麗女士的生活，不到十年時間，這位民國19年出生的曾鳳麗阿嬤，生活不但沒有退化，唉聲嘆氣埋怨年老，反而是多采多姿年輕有趣的；她的心靈不再空虛，單調無趣，整個心房圍繞著創造花鳥，鮮甜水果，四季散發著芬芳與美麗。她的畫布那麼光采靈性，啟迪看畫人的心，正如筆者蔣馨看過無法忘記，除了錄影展覽現場的圖畫——「幸福像日常風景」放在臉書分享，且提筆爲文寫這篇文章。

93歲的曾鳳麗的阿嬤，在八十多歲才提筆畫畫；今年93歲的嬤嬤還會用臉書，筆者將錄影的「幸福像日常生活風景」分享在臉書，她還來按讚。「已經93歲了，會用臉書按讚，有夠

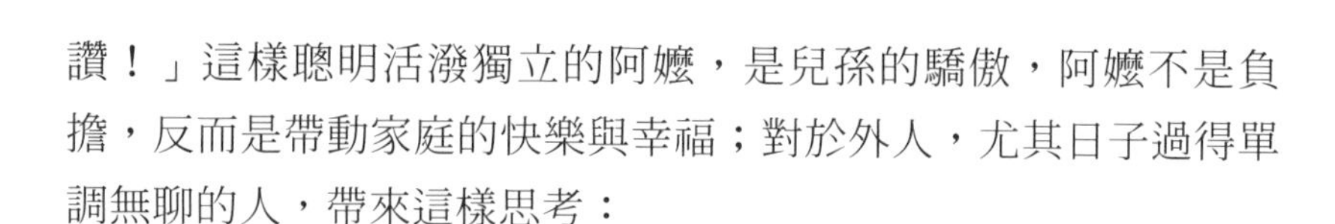
讚！」這樣聰明活潑獨立的阿嬤，是兒孫的驕傲，阿嬤不是負擔，反而是帶動家庭的快樂與幸福；對於外人，尤其日子過得單調無聊的人，帶來這樣思考：

「我比阿嬤年輕至少30歲或40歲或50歲，我不應該空虛過日子，應該做一些有意義發光的事，從事某個讓人性日趨好的興趣。如曾鳳麗阿嬤熱愛生活，熱愛生命。」

美國心靈作家皮爾博士說：「**日子越過越無聊，跟一個人過於安逸閒適有關。有行動力的人，永遠不會感到無聊**，你對事物越有興趣，就越有熱枕。你的頭腦越活躍，就越能有好的表現，而且能持續長久的表現。」93歲的曾鳳麗阿嬤拿起筆畫畫，就是行動力，這樣行動力帶給阿嬤一天生活是有目標，有盼望的，因爲她的頭腦在構思圖畫，怎麼畫較好，這樣的手腦並用下，生活是畫布，有趣有進步的塗抹，永遠都有新作品，這樣的日子不就是處在人間天堂嗎？

如果已經退休的你，或是子女長大的家庭主婦，或經濟無憂不用上班的人，當你覺得日子空虛無聊乏味，一天散漫過一天，飽食終日安逸在家，你湊巧閱讀我的文章，請你將「93歲的阿嬤熱情畫畫」的圖畫鏡頭，時刻掛在你家牆壁上，**你一定要有事做，有好的興趣在忙碌，活到老學到老**，讓自己每天都是興高采烈的說：

「哇！今天是行動力日子，我在學習，我在進步，如果我不能當太陽，那麼就做最好的小星星，螢火蟲，每天都在發光，照亮家人，也照亮世界。」

很有名西班牙畫家達利這樣充滿自信說：

「由於我是天才，所以沒有死亡的權利。」

正因達利畫家這樣思考信念，所以他不斷在每天日子做畫，就像傑出企業家，忙碌上班族，爲最好自己奉獻於工作；工作完成是作品，每日爲自己的作品在努力奮鬥。雖然達利84歲去世，但他的畫作仍然被珍藏，鮮活留在愛他的人心上。

每個人都不是偶然出生，而是有意義的存在發光。想一想，有一天你回到天上的家，站在上帝面前，上帝要你交出你在人世間奮鬥的傑作，曾鳳麗女士（被臉書朋友看好如美國摩西奶奶活到103歲），很開心交出一幅又一幅幸福花鳥的作品，那你呢，要交出什麼作品？

吃喝玩樂或無聊空虛都如風，你如何面對上帝與自己呢。難道你的一生如乏善空虛，全部被浪費被空度了，這樣生命好嗎？

你是被需要的，你是有用的，充滿各樣恩賜才華，只要下定決心要過一個有意義發光的生命，**不管現在幾歲，永遠來得及**，93歲的阿嬤八十多歲才開始畫畫，你還有如她充滿可能性，從今天開始，有計畫行動力，自我激勵，你可以畫100幅屬於你風格的畫；是畫家，寫出100個動人故事，是作家；更可以做100件好事幫助別人，是慈善家……；任何你想試試看的好興趣，你都可以嘗試做做看；這樣日子才是往前，被期待的。你可以在10年後數算你的努力成果，讚賞與讚美自己：嗯！我比想像中還要厲害。

如果你現在是上班族，就把現在的工作做得最好，如達文西畫蒙娜麗莎微笑，是傑作；如果沒有上班，在家，那麼就開始計畫未來生活，一定有興趣忙碌。如果沒有興趣就去培養，練習100遍，做100遍，天下無難事，只怕有心人。

人不要懶惰過於安逸。**懶惰是罪，這個罪就是浪費生命，**沒有盼望沒有目標，如生物白白過日子，對不起自己，對不起家人，更對不起這趟珍貴的生命旅程。每個人要像曾鳳麗女士，到93歲畫畫，有行動力有興趣忙碌，日子就是幸福像日常風景，每天都是年輕創造。

請讚美自己：生命最大幸福——永遠年輕為生命傑作忙碌。你是天才，所以要畫一幅世界名畫送給自己，且在宇宙畫廊展覽。

Memo

你很棒，請讚美自己

本書獻給在天上很偉大父母親（蔣百）（許玉荔），謝謝他們一生辛苦農事，栽培兒女，讓我受高等教育；且向父母學習一生勤奮種田精神，是搖籃手；推動我認眞耕耘於寫作，做一個生產者，寫出正能量的作品激勵人心。

本書獻給會讚美自己數不完優點，熱情生活且很愛閱讀的你，看好你會成功。

國家圖書館出版品預行編目資料

會讚美自己，才會成功／蔣馨著. --初版.--臺中市：白象文化事業有限公司，2023.6
面； 公分
ISBN 978-626-364-035-1（平裝）
1.CST: 自我實現 2.CST: 自我肯定
177.2 112007155

會讚美自己，才會成功

作　　者　蔣馨
校　　對　蔣馨
發 行 人　張輝潭
出版發行　白象文化事業有限公司
412台中市大里區科技路1號8樓之2（台中軟體園區）
出版專線：（04）2496-5995　傳真：（04）2496-9901
401台中市東區和平街228巷44號（經銷部）
購書專線：（04）2220-8589　傳真：（04）2220-8505
專案主編　林榮威
出版編印　林榮威、陳逸儒、黃麗穎、水邊、陳媁婷、李婕
設計創意　張禮南、何佳諠
經紀企劃　張輝潭、徐錦淳
經銷推廣　李莉吟、莊博亞、劉育姍、林政泓
行銷宣傳　黃姿虹、沈若瑜
營運管理　林金郎、曾千熏
印　　刷　基盛印刷工場
初版一刷　2023年6月
二版一刷　2023年9月
定　　價　320元